La Soledad:

¿Una Prisión sin Barrotes?

Carlos G. Hernández R.

Carlos G. Hernández R.

Dedicatoria

A Luciana; a mis amados hijos, Carlos Eduardo y María Gabriela; a mis queridos nietos, Laura, Samuel Y Leonardo; a mis queridas amigas y curruñas, Jarly Margarita Hernández y María Petrólea Rondón Parra, a mis queridos amigos.

Diseño de Portada:

Luciana D. Paradela.

Jarly Margarita Hernández.

María Petrólea Rondón Parra.

Genialidades humanas nacidas de la soledad

.- La soledad nos perturba y nos confronta, pero también nos regala menos margen del que requerimos para evadir nuestra mayor responsabilidad: auto-conocernos.

.- Incluso en la intimidad de nuestra mente, cuando nos vemos solos, en la aparente soledad —especialmente en ésta—, no estamos solos. Nuestra historia pasada y futura nos acompaña siempre.   C.G.H.R.

.- Y es que, por encima de todo, resulta que el individuo no es tan solo un individuo.   Anónimo.

.- "Pienso donde no soy. Es decir; soy donde no pienso: lo que soy de verdad no es lo que creo ser". Jaques Lacan.

.- Los sentimientos de una persona no pueden ser más importantes que la verdad. C.G.H.R.

.- Una persona latosa es aquella que nos despoja de la soledad, pero no nos aporta compañía. Benedetto Croce.

.- A solas soy alguien. En la calle nadie. Por eso, sólo salgo para renovar la necesidad de estar solo.   Anónimo.

"¿Por qué, en general, se rehúye la soledad? Porque son muy pocos los que encuentran compañía consigo mismos". Carlo Dossi (Escritor italiano).

.- En ocasiones, el problema no es la soledad en sí, el problema es lo que decimos acerca de ella, cómo la encajamos, cómo la interpretamos y cuál es el significado que le damos. Anónimo.

.- En el núcleo más recóndito de toda soledad, hay un profundo y poderoso anhelo de unión con el YO perdido. Brendan Behan

Carlos G. Hernández R.

Introducción

La soledad es la circunstancia de estar solo o sin compañía. En la actualidad, existen muchos factores que favorecen el sentimiento de soledad. Se trata de una realidad muy dura y devastadora. La mayoría de las personas que evidencian este problema, detestan vivir con ese sentimiento que todo lo llena, y que hasta promueve una vida falta de entusiasmo, e incluso, carente de la energía suficiente para seguir adelante.

Dicha carencia puede ser voluntaria –cuando la persona decide estar sola–, o involuntaria, cuando la persona –debido a determinadas circunstancias de la vida–, se encuentra, o se siente sola. Si bien para muchos suele ser causa de depresión, para otras personas, la soledad en vez de ser algo deprimente, tiene un carácter beneficioso. Sin embargo, para el común de las personas, la soledad es un sentimiento de tristeza o angustia que nos embarga cuando estamos solos o desconectados del mundo que nos rodea.

Por fortuna, hay quienes afirman que la vida es una aventura, tanto interior como exteriormente. Para vivir tal aventura debemos hacer un acto de fe y dejar atrás los roles y estructuras con los que nos sentíamos seguros –o amarrados–, para buscar nuestra propia identidad, para averiguar quiénes somos y qué queremos. Esta aventura puede externalizarse y traducirse en un viaje en solitario.

Nuestra historia suele estar representada por el status quo, la visión conservadora, el conformismo y la falsa identidad que nos imponen los roles culturales dominantes. La presión hacia el conformismo que, por lo general, soportamos hombres y mujeres para que cumplamos con nuestro deber, para que hagamos lo que los demás esperan de nosotros, es enorme.

Al no tener un sentido claro, separado y autónomo del YO, los deseos del hombre moderno están determinados, generalmente, por la cultura y las otras personas. El hombre moderno no dedica el tiempo ni la inclinación para desarrollar su propio sentido del YO. Las personas más seguras de sí mismas son las personas con más claro sentido de su propia identidad, debido, entre otras cosas, a que son las que mayores riesgos han tomado.

Somos seres sociales por naturaleza. Vincularnos con las demás personas, es parte de nuestras necesidades más básicas. Necesitamos sentir que formamos parte de un grupo y que estamos integrados en él. Desde los tiempos de las cavernas, aprendimos que todo era más fácil cuando éramos aceptados como parte de un grupo social, colaborando y enfrentando todos juntos, las diversas amenazas. Estando solos, tendríamos menores probabilidades de sobrevivir.

Además, es un hecho cierto que nuestra autoestima se construye a partir de la relación con otras personas. Relacionarnos con los demás nos hace sentir bienestar y en cierta forma, seguridad. Muchas veces hablamos de que necesitamos "sentir" que formamos parte de un grupo, porque la soledad es exactamente eso: una sensación. En realidad, es un estado mental. Podemos estar físicamente solos, y sin embargo, no "sentir" la sensación de soledad; pero también podemos estar rodeados de gente y de ruidos, y sin embargo, sentirnos solos. En este último caso, la sensación de soledad tal vez se produzca debido a que las relaciones sociales que podamos tener, no nos resultan satisfactorias y/o las percibimos como demasiado superficiales.

En muchas ocasiones, el estar rodeados de gente, no nos hace sentir acompañados, no nos hace sentir que formamos parte de ese grupo de personas. Son esos momentos en que todos hemos dicho alguna vez: "me sentí fuera de lugar".

¿Es la soledad un estado mental? ¿A qué llamamos soledad emocional? ¿Estar solos, y sentirnos solos, significa lo mismo, o son dos cosas totalmente diferentes? ¿Podemos estar solos, y sin embargo, sentirnos bien? O, ¿Podemos estar rodeados de gente y sentirnos completamente solos? Estas son algunas de las preguntas que intentamos responder en este trabajo.

La soledad puede presentar varios rostros; cuando llega, se distinguen dos variedades: positiva y negativa (destructiva). Para algunos, la soledad no es más que un estado temporal causado por problemas y tribulaciones pasadas. En cambio, para otros es algo permanente, debilitante y devastador.

El carácter positivo de la soledad se manifiesta cuando nos ayuda a reconciliarnos con el pasado, pues nos permite reconsiderar nuestras relaciones más de cerca y con una perspectiva desapasionada. Sin embargo, la soledad también puede ser destructiva. Es lo que sucede cuando nos oponemos a ella desde nuestro interior, o cuando la vemos como un estado de desesperanza.

Esto podría conducirnos a un estado de inestabilidad emocional, con sentimientos dominantes de indefensión, tristeza y resignación, a veces incluso, de depresión. También podemos caer en estados de ansiedad y volvernos extremadamente inquietos en relación al futuro, lo cual puede resultar en una variada gama de comportamientos compulsivos.

Mediante el presenta trabajo intentamos erigirnos en una buena ayuda personal para aquellas personas que estés inmersa en tan incómoda situación personal.

10

Parte 1
Nadando cerca de la orilla del mar

1.1.- ¿Qué es la soledad?

Según los especialistas de la mente, la soledad es uno de los fenómenos más interesantes con el que nos podemos topar cuando reflexionamos sobre la naturaleza del ser humano. Sin lugar a dudas, somos "animales sociales"; pues estamos diseñados para interactuar con nuestros semejantes. A través de esa interacción desarrollamos distintas habilidades, y ejercemos uno de los dones más estimulantes con que nos dotó la naturaleza o quien quiera que nos haya creado: el de la colaboración. A lo largo de muchos momentos de nuestra vida, la soledad puede ser algo parecido a una bebida o un alimento cuyo sabor puede parecernos lo más exquisito del mundo, pero también podría resultar ser la sustancia más amarga y desagradable del universo.

Por definición, la soledad es la circunstancia de estar solo o sin compañía. Dicha carencia puede ser voluntaria – cuando la persona decide estar sola–, o involuntaria, cuando la persona – debido a determinadas circunstancias de la vida–, se encuentra, o se siente sola.

No obstante la sencillez y veracidad de esta definición, para muchas personas, este concepto estaría incompleto, pues la soledad también podría ser definida como aquel sentimiento de tristeza o melancolía que se tiene por la falta, ausencia o muerte de un ser querido.

Como dijimos antes, pueden existen dos tipos de soledad: la soledad voluntaria (o positiva) y la soledad impuesta (o negativa). La primera la elegimos nosotros, pero la otra no. Cualquiera que sea el caso, el tipo de soledad que nos ocupará en este trabajo, es esa indeseable compañía que nos visita en algunas ocasiones y que si no estamos alertas para despedirla a la mayor brevedad posible, se puede quedar viviendo mucho tiempo con nosotros.

La soledad voluntaria (o positiva) es la que nosotros decidimos ejercer en ciertos momentos. Consiste en aislarse de otras personas. Por lo general, este tipo de soledad es beneficiosa. Es una soledad que nos llena; es una soledad positiva porque no nos causa daño y es totalmente bienvenida y aceptada. Es nuestra elección. Cuando elegimos aislarnos, no nos sentimos solos. Vivimos en una realidad positiva y constructiva, en la cual podemos reflexionar, conocernos más a nosotros mismos, disfrutar de lo que deseamos hacer. Nos sirve para estar con nosotros mismos, para reflexionar, o simplemente para hacer lo que nos apetezca sin que nadie nos moleste. Tal vez existan muchas personas que estarían de acuerdo en afirmar que vivir con uno mismo es mucho más sencillo que vivir con los demás. Cuando elegimos vivir en soledad, vivimos como queremos, sin correr el riesgo de resultar heridos, sin reñir con otros, sin lastimar a nadie, sin tener que hacer concesiones. Podemos ser nosotros mismos; sin nadie que nos limite, nos juzgue o nos critique.

Como podemos percibir, la soledad voluntaria tiene un gran valor en sí misma. Es como el silencio, que contribuye a discernir, a desarrollar y comprender nuestro propio pensamiento y a nosotros mismos. Este estado también parece ser particularmente fértil para fomentar nuestra creatividad, incluso la genialidad. Quizá por esta razón es que filósofos, escritores, científicos y otros pensadores como Poe, Goethe, Einstein, Bacon, Beethoven, Schopenhauer, etc., han elogiado vívidamente la soledad. Las personas que saben vivir plenamente en soledad suelen ser más creativas y, por lo general son muy aficionados a la lectura. Debemos tener en cuenta que tanto la lectura como la creatividad, son actividades que requieren concentración y tranquilidad.

A l proceso que ejecuta una persona cuando es capaz de estar en una sana soledad, cuando es capaz de mirarse a sí mismo y saber perfectamente a quien está mirando, se le denomina Introspección.

La introspección nos ayuda a conocernos a nosotros mismos y esto es muy beneficioso. Conocernos a nosotros mismos, saber qué somos y quiénes somos, nos ayudará en nuestras relaciones, nos ayudará a saber cómo actuaremos ante determinadas situaciones. Aprender más sobre nosotros mismos siempre será positivo. En contra de lo que se pueda pensar, las personas solitarias sí tienen amigos, aunque no sean muchos. Esto sucede porque le dan valor a la palabra "amistad" y son conscientes de que no todas las personas saben llevar esta etiqueta.

En el extremo opuesto tenemos la soledad por obligación (impuesta o negativa), que es la que no resulta tan agradable, pues nos hace sentir que estamos solos en el mundo. Es otras palabras, es una de las situaciones que atentan contra nuestra estabilidad emocional como seres humanos. Somos seres sociales; razón por la cual estamos continuamente buscando compañía. Necesitamos relacionarnos y comunicarnos con nuestros semejantes. Pero, cuando no podemos establecer estas necesarias comunicaciones o relaciones, entonces surgen los problemas. Este tipo de soledad está íntimamente relacionado con nuestras emociones.

La soledad emocional es un sentimiento que se torna devastador si no sabemos cómo combatirlo. La mayoría de las veces, es nuestra actitud la que nos lleva a sentirla. No conocemos su realidad: quizás estemos viviendo con nuestra pareja, tal vez tengamos hijos, hermanos y padres. Pero, aún cuando nuestra vivienda esté llena de gente y de ruidos, puede suceder que haya un claro vacío en nuestra vida, que nos lleva a padecer un sentimiento de soledad. Muchas veces, llevamos en secreto esta pesada carga.

Cada día, la ciencia y la tecnología moderna nos suministran nuevos medios para estar comunicados. Sin embargo, la soledad no desaparece aún cuando se tengan 1500 amigos en las redes sociales, ni que nuestro teléfono móvil viva encendido y el wifi no se apague nunca. Sin lugar a dudas, la época que vivimos se caracteriza por ser tiempos de estar conectados. Pero esto no significa, necesariamente, que estemos comunicados, pues la verdadera comunicación se da de corazón a corazón. Es decir, desde el interior de una persona, al interior de otra persona. A pesar de que vivimos en la era de las comunicaciones, asombra ver la gran cantidad de foros donde miles de seres humanos buscan ayuda para vencer la soledad.

La soledad destructiva

En la actualidad, millones de personas le rehúyen a estar solos, y esta actitud no se debe sólo al temor a la probable crítica social que esto pueda implicar, o a una cuestión de estar al día con la moda vigente. Esto se debe probablemente a que esos individuos han perdido la costumbre de encontrarse cara a cara consigo mismos. Actualmente, en muchas sociedades humanas, a sus poblaciones se les induce una especie de temor o de rechazo a la soledad, asociando este estado con diversas cualidades con características negativas o peligrosas; o en el mejor de los casos, extravagantes.

Tal vez exagerando un poco, los locos, los malvados, los científicos, los eruditos, los potenciales criminales, etc., son algunos de los icónicos personajes burdamente asociados con profundos estados de soledad. En otras palabras, la amargura, el desquiciamiento, la depresión, y la extravagancia, son algunas de las consecuencias atribuidas al ejercicio continuo del aislamiento. El estar solo inspira sospecha o desconfianza —quizá porque se crea que existe el deseo de eludir la observación o la vigilancia de los demás.

En nuestros días existen muchos factores que favorecen el sentimiento de soledad. Se trata de una realidad muy dura y devastadora. La mayoría de las personas (mayoritariamente mujeres) que evidencian este problema, refieren no querer vivir más tiempo con ese sentimiento que todo lo llena, y que hasta promueve una vida falta de entusiasmo, e incluso, carente de la energía suficiente para seguir adelante. Los hombres también somos propensos a sentir los rigores de una situación de soledad, pero tendemos, quizás por un sentido de vergüenza mal entendida, a disimular, o al menos tratar de ocultar sus manifestaciones. Sin embargo, debemos reconocer que en más de una oportunidad, este sentimiento ha comprimido nuestro pecho y ha puesto un nudo en nuestra garganta.

Como consecuencia de nuestra costumbre de tratar de analizar las cosas malas que nos suceden, en busca de rescatar lo poco, o lo mucho de positivo, que llevan implícitos todos los acontecimientos que afectan nuestra vida como seres racionales, hemos aprendido varias cosillas que ahora queremos compartir con el amable lector. Es por ello que —si usted es una de las muchas personas afectadas por la amargura de este moderno mal– le pedimos nos permita brindarle algunos consejos que quizás le ayuden a enfrentar y manejar su propia soledad.

1.2.- ¿Es la soledad un estado mental o social, o ambos?

Aunque nos veamos a nosotros mismos como personas muy independientes, somos seres sociales por naturaleza. Vincularnos con las demás personas, es parte de nuestras necesidades más básicas. En otras palabras, necesitamos sentir que formamos parte de un grupo y que estamos integrados en él. Desde los tiempos de las cavernas, aprendimos que todo era más fácil cuando éramos aceptados como parte de un grupo social, colaborando y enfrentando todos juntos, las diversas amenazas. Estando solos, tendríamos menores probabilidades de sobrevivir.

Además, es un hecho cierto que nuestra autoestima se construye a partir de la relación con otras personas. Relacionarnos con los demás nos hace sentir bienestar y en cierta forma, seguridad. Muchas veces hablamos de que necesitamos "sentir" que formamos parte de un grupo, porque la soledad es exactamente eso: una sensación. En realidad, es un estado mental. Podemos estar físicamente solos, y sin embargo, no "sentir" la sensación de soledad; pero también podemos estar rodeados de gente y de ruidos, y sin embargo, sentirnos solos. En este último caso, la sensación de soledad tal vez se produzca debido a que las relaciones sociales que podamos tener, no nos resultan satisfactorias y/o las percibimos como demasiado superficiales.

En muchas ocasiones, el estar rodeados de gente, no nos hace sentir acompañados, no nos hace sentir que formamos parte de ese grupo de personas. Son esos momentos en que todos hemos dicho alguna vez: "me sentí fuera de lugar".

La soledad, al igual que la depresión, la ansiedad o el miedo, es un estado mental. A esto le llamamos soledad emocional. Estar solos, y sentirnos solos, son dos cosas totalmente diferentes. Podemos estar solos y sentirnos bien, o podemos estar rodeados de gente y sentirnos completamente solos.

La soledad emocional está vinculada a los sentimientos de incomprensión, tristeza e inseguridad. Si percibimos que las personas que tenemos a nuestro alrededor no nos comprenden y no comparten nuestros valores y preferencias, podemos sentirnos solos, desamparados y hasta indefensos.

Lo antes expuesto está basado principalmente en lo que respecta a las relaciones sociales; pero ocurre que en la parte afectiva también ocurre exactamente lo mismo. En este aspecto también necesitamos sentirnos acompañados, y por lo tanto, también buscamos compañía.

¿Qué podemos decir de esas relaciones afectivas que se difuminan en el abismo del fracaso? Con frecuencia abrimos las puertas de nuestros afectos a personas que en un principio nos ilusionan, nos emocionan... para después darnos cuenta que no hay soledad más dolorosa que la de tener a nuestro lado a alguien que no nos ve, a alguien a quien le importamos muy poco, a alguien que no sabe aportarnos motivos de alegría o momentos de felicidad, a alguien que sólo nos aporta indiferencia.

Podemos sentir soledad por la ausencia de una pareja, pero también podemos sentirla cuando tenemos pareja, pero ésta, únicamente,... está allí. Es decir, cuando la pareja está físicamente a nuestro lado, pero no se implica a nivel emocional con nosotros tal y como necesitamos que lo haga. Porque, sentirse solo no es únicamente no tener una compañía física; sentirse solo es no sentirse integrado, ni comprendido, ni entendido con respecto a otra(s) persona(s).

La soledad emocional es la que se produce cuando proyectamos en otras personas determinadas esperanzas y grandes apegos, pero donde en realidad, sólo encontramos vacíos. Pocos sentimientos pueden ser tan devastadores como esa soledad que va más allá del plano físico. La sensación de tener a alguien, e incluso, a muchas personas a nuestro alrededor y, sin embargo, ser conscientes de que nos sentimos terriblemente solos, puede llegar a ser la antesala de una terrible depresión. La soledad emocional es uno de los grandes males de nuestra actualidad. Muchos de nosotros estamos rodeados de personas, de familiares, de amistades, de nuestra pareja, y de muchos amigos en nuestras redes sociales. Sin embargo, no hay dolor más angustioso que el percibir esos huecos, esos vacíos que aparentemente nadir sabe llenar.

En un artículo aparecido en el diario El País, de España, publicado el 16/12/2007 y titulado: "La Soledad, la plaga del siglo XXI", podemos leer lo siguiente:

"Las grandes ciudades están llenas de solitarios. Crece el número de viviendas ocupadas por una sola persona y el trato físico se sustituye por las relaciones a distancia, por Internet. Es una epidemia que va en aumento. Los individuos no se han entrañado ni abrazado más entre sí, pero electrónicamente se han comunicado de tal modo que el fenómeno de la interconexión parece haber acallado las inquietudes o las voces del aislamiento".

"Se trata, sin embargo, de dos realidades paralelas. Mientras la relación en el cuerpo a cuerpo sigue debilitándose, la relación a distancia, máscara a máscara, aumenta y prolifera. La aventura de ser un individuo diferente o, mejor, siempre dependiente de la imagen proyectada en los demás, se ha provisto ahora de un artilugio mediante el cual la apariencia de nuestra identidad se enreda con

nuestras artes de engaño. Nuestro diseño, en fin, se encuentra más en nuestras manos a través del atrezzo, el nickname, el avatar, los juegos del sexo y la edad u otros recursos, para hacer personajes de la persona, y versiones de lo real".

"El prójimo es siempre insustituible para poder ser algo, pero ahora la proporción que de su efectiva sustancia se necesita para esbozar nuestro perfil social, puede sustituirse, en parte, por nuestra habilidad para fingir en la pantalla, travestirse en la Red y recrearse en el nuevo espacio virtual, inconcebible hasta hace poco tiempo".

"Indudablemente, la satisfacción no será comparable a la que proporciona un amor encarnado o una consideración tangible, pero, poco a poco, este mundo electrónico será casi todo lo que hay, y la vida en su seno decidirá una porción variable de nuestra composición general".

"Incluso, con el uso y el consumo de compañías y sentimientos en la Red, lo que hoy parece sucedáneo, cambiará su estigma subsidiario y ascenderá, con pleno derecho, al mundo que alivia los surtidos de la soledad".

"Las webs sociales, tras el boom de las compañías .com, ha estallado el éxito de las empresas que gestionan los puntos de encuentro entre millones de usuarios. Al éxito de la tecnología aplicada a los negocios sucede la multiplicación de los negocios que tienen su base primordial en las personas".

"El conocimiento científico, las informaciones de consumo, las opiniones políticas y otras, se cruzan en una trama que ha facilitado y estimulado la Red. Y este universo de contactos innumerables posee una importante condición inédita: conectamos con más gentes sin tener que sufrir la penalidad de su aliento. El contacto personalista se define así por una relación entre personas distantes y distintas, pero sin su extraño o atosigante tufo".

"Crece la conexión y hasta la implicación, pero no los compromisos fuertes ni los entrañamientos hondos. De la

misma manera que el saber actual es más superficial que profundo, la relación con las personas a través de la Red conforma un modelo a su imagen y semejanza. Tratamos con una multiplicidad de individuos para degustarlos fragmentariamente en aquellos aspectos que nos complacen, nos divierten o nos interesan".

"El mundo avanza de esta manera como en un frente de infinitas relaciones ligeras. Vivimos o navegamos, y en lugar de llegar hasta el fondo del otro, sustituimos la cavidad por el surf y el corazón por el botox...".

"En Corea del Sur, por ejemplo, las relaciones sociales y afectivas a través de los medios electrónicos superan ya en frecuencia y número a las que se mantienen cara a cara. El rostro de Corea del Sur nunca se nos reveló con nitidez en Occidente, pero ¿no irá sucediendo lo mismo con la vasta y difusa trama que domina Internet y la derivación de su influjo? ¿En qué punto, por ejemplo, se encuentra hoy aquella amistad que amortiguaba la desazón de estar solo? De un lado crecen los telecontactos, aumentan las sectas, se multiplican los clubes, las pandas y las tribus urbanas, y de otro se incrementan los hogares ocupados por una sola persona hasta alcanzar más de la tercera parte de las viviendas en las grandes capitales de Occidente. En este contradictorio contexto, ¿dónde se halla el gozo de la compañía y el apoyo contra la soledad?"

A menudo concebimos la soledad como esa ausencia física de personas a nuestro alrededor, allí donde avanzamos por la vida sin vínculos que nos aten, sin personas que atiendan nuestras necesidades espirituales o afectivas, o sin personas en quien reflejarnos para ofrecer y dar ese cariño cotidiano que a todos nos enriquece. En ocasiones, la soledad emocional se vive como una incoherencia, como una contradicción: tenemos a alguien y sin embargo, sentimos el dolor de la soledad de un modo casi desgarrador. El resolver tal situación, el liberarnos o reencontrarnos con nosotros mismos de nuevo, nos ayudará también en nuestro comportamiento personal. (1)

1.3.- ¿Mejor solos que mal acompañados?

Como ya vimos en los párrafos precedentes, la vida moderna nos impulsa a la soledad. Por lo general gozamos muy poco de la presencia de los demás. En ocasiones tenemos muchos nexos y pocos vínculos, mucha conversación en horizontal, pero muy escasa en vertical. A veces, no es tanto la poca afinidad con el otro, lo que reduce el peso de la amistad, sino la dificultad laboral y residencial para cultivarla y enriquecerla. Poco a poco, sin pensarlo ni ponderarlo, vamos reduciendo la compañía eficaz al recinto de la pareja, y sobre ella van concentrándose tantas demandas y exigencias, tanto socorro, que ésta puede acabar cediendo en sus cimientos, o ardiendo por exceso de exigencias.

La otra persona puede resultar un verdugo o un lujo, ¿Cómo saberlo? Ésta siempre presentará trazas de ambas posibilidades, y aunque siempre parece mejor hallarse acompañado que estar solo, el otro puede actuar como elemento necesario para nuestra vida, por la posibilidad de servirnos como vía de despeje. No olvide que, de la misma manera que no hay mejor especialista en la tortura, que el propio autotorturador, también es cierto que no hay peor enemigo de la lucidez, que nuestra propia ofuscación. Aquel que nos observa desde fuera, liberado de nuestra fijación, puede actuar como la llave que abre la puerta a nuestra mejoría terapéutica. Todo problema tiene su solución, pero a menudo no se halla en nuestro reino. Pero, en ocasiones, alguien amado, venido desde fuera, puede abrir la puerta de nuestro encierro. Cuando esto ocurre, los términos –como por arte de magia– se vuelven más claros y entonces, podemos saltar desde el precipicio a la calma, gracias al accionar de la otra persona. Por supuesto, no siempre se da la situación aquí descrita. Sólo existe la posibilidad.

Obviamente, esto no significa que el otro represente al mágico bálsamo de fierabrás. La especie humana prefiere, en general, no convivir demasiado junta. Precisamente, lo peor de la cotidianidad de las abejas procede de su obligatoria, eterna y hacinada colaboración. Nada parecido a la tendencia de muchos seres humanos, que encuentran en la soledad una ocasión de lavado y salud precisas.

Nunca será lo mismo la soledad, que la independencia. Pero, la soledad elegida y la independencia conquistada se acercan mucho entre sí. Complementariamente, la calidad del lazo aumenta si ambos componentes de la pareja, asumen su independencia y están juntos pudiendo estar distantes después. En la eventual disolución de una relación que había florecido, nadie debería acarrear desolación, y la soledad posterior a un desacuerdo, no se debería traducir en una devaluación personal o en deseos de suicidio.

Somos como los demás y los demás son como nosotros, pero sin apelmazamientos. El amor y la amistad, nos construyen mutuamente si nuestros pilares descansan equilibradamente. La interdependencia no es, por tanto, suma de dependencias, sino juego de independencias. De manera que la metáfora del panal nos endulza tanto como nos encarcela. Hay quienes lanzan la siguiente pregunta: "¿Por qué, en general, se rehúye la soledad?" Y otros, tal vez con sarcasmo, emiten la respuesta: "Porque son muy pocos los que encuentran compañía consigo mismos". ¿Será cierta tal afirmación? (2)

1.4.- Juntos, pero no revueltos

Somos, en síntesis, seres comunitarios y solitarios, ciudadanos e individuos. El inconveniente de la soledad en relación a la visión del mundo, reside en que una idea o una opinión mantenida en solitario es prácticamente igual a una creencia, mientras que la idea compartida se vuelve convicción y ayuda a trazar itinerarios comunes y a formar un mapa iniciático del que irá hilvanándose una más alegre concepción del mundo. Juntos, pero no revueltos. Contra la exaltación de la compañía, sin embargo, hay que decir que la demasiada presencia del otro es opuesta al progreso. Si los medios de comunicación moderna han triunfado y se han popularizado tanto, es debido a su fórmula de permitir hallarse presentes sin presentarse. La pérdida de "presencialidad" ha ensanchado el intervalo de permanencia en no pocas relaciones modernas. Las pantallas omnipresentes operan como una cámara de transmutación de lo real para crear el mundo de una irrealidad liviana compatible con la idea de la ausencia.

Existen algunas especies que son primordialmente de contacto, como aquellas que se apiñan por placer y permanecen piel con piel durante horas, como el hipopótamo, el elefante, el cerdo o el erizo. No obstante, aunque somos sociales por naturaleza, hay que reconocer que existen muchas personas que son partidarios del "poco contacto". Hay quienes no nos aguantamos demasiado cerca. Puede ser que en esta actitud, que tal vez pueda definirse de alguna forma como rechazo, no predomine en las etapas iniciales de nuestra vida, pero en cuanto se alcanza el estado adulto, toda su confortabilidad requiere holgura. Y no ya un hueco para pensar o sentirse mejor, sino como hábitat primordial de la supervivencia.

Para algunos, el hacinamiento nos afecta mucho, y bastaría la excesiva proximidad para enfermarnos. El individuo requiere, para su definición, una esfera en la que predomine el olor y el amor propio. El abrazo amistoso, la asociación religiosa, el equipo, el vecindario, son elecciones desde la soledad primigenia en que nos fundamos y nos reconocemos. Pero hasta allí. Nada que ver con el pantanoso cosmos del cerdo, la aglomeración de erizos o el ajuntamiento de los elefantes y de los hipopótamos.

Ahora bien, ¿es necesario tener siempre a alguien a nuestro lado para ser feliz?   En Absoluto. En ocasiones, la propia soledad es ese espacio íntimo donde más equilibrio podemos encontrar. La introspección y el estar con uno mismo, es un modo de fortalecer nuestra autoestima y de enriquecernos.

Como podemos discernir, debemos identificar ese malestar, esa insatisfacción, ese vacío, En ocasiones podemos enmascarar la soledad emocional con otras dimensiones, como una baja autoestima, escasa motivación por nuestras relaciones sociales, etc., cuando en realidad lo que sentimos es que hay algo "que está más allá de nosotros y que falla".

1.5.- Consecuencias de la soledad

Cuando el sentimiento de soledad emocional se instala en nuestro ser interior, suele traer consigo cierta dosis de tristeza, angustia, ansiedad e incluso miedo. Además, el hecho de no tener un apoyo emocional merma nuestra autoestima y nos desmotiva. Por eso es común que las personas que se sienten solas se sumerjan en un círculo vicioso que les hace perder el interés por el día a día y les desmotiva a emprender nuevas actividades que quizás le ayudarían a conocer a otras personas con las cuales podría compartir gustos y valores. En los casos más severos se llega a la depresión.

La Soledad: ¿Una prisión sin barrotes?

Además de las consecuencias en el plano psicológico, el sentimiento de soledad también se ha vinculado a un debilitamiento del sistema inmunológico. Diversas investigaciones han confirmado que la soledad está estrechamente ligada a respuestas inmunes disfuncionales. Por ejemplo, un estudio realizado recientemente en la Universidad de Ohio demostró que las personas solas producen una mayor cantidad de proteínas vinculadas a la inflamación, las cuales desempeñan un rol esencial en la aparición de enfermedades como la diabetes, la artritis y el mal de Alzheimer.

Los médicos saben desde hace tiempo que la soledad no es buena para la salud mental, ya que tiene asociadas patologías como la depresión, el estrés, la ansiedad y la falta de autoestima. Pero cada vez hay más evidencias de que el aislamiento social está también conectado con otros problemas físicos. Algunos estudios sugieren que la soledad puede causar enfermedades con consecuencias fatales. En 2006, una investigación realizada con 2.800 mujeres que padecían cáncer de mama sugirió que aquellas pacientes que veían poco a familiares y amigos tenían hasta cinco veces más posibilidades de morir que aquellas con una vida social más activa.

Tanto en el ámbito social como en el emocional, la soledad es un estado mental subjetivo. Como ya se mencionó antes, si este estado se alarga en el tiempo, puede llegar a producirnos estados de ansiedad, sentimientos de tristeza e incluso depresión en los casos más graves; y también una disminución de nuestra propia autoestima.

Es muy probable que una persona inmersa en este estado psicológico, se sienta poco motivada a realizar actividades de ocio que le darían la oportunidad de conocer gente nueva, con la que compartir aficiones, valores, momentos agradables, etc. Con lo cual, lo soledad resulta ser la pescadilla que se muerde la cola. Por otro lado, la soledad no sólo tiene consecuencias desagradables desde el punto de vista psicológico. Por otra parte, numerosas investigaciones realizadas en diferentes países y que han incluido a cientos de personas han demostrado que no contar con apoyo social aumenta de manera significativa la mortalidad ante diferentes enfermedades. De la misma manera, se conoce que quienes cuentan con personas que les apoyen, se recuperan más rápidamente de las intervenciones quirúrgicas y de determinadas patologías.

Si con frecuencia tenemos sensación de soledad, podemos hacer dos cosas. Por una parte, disfrutar de lo que nos puede aportar el hecho de estar solos: Tiempo para cuidarnos, para hacer eso que tanto nos gusta, para reflexionar y conectar con nuestras emociones, no tendremos que intentar hacer feliz a nadie, sólo a nosotros mismos, y por último, estar solos puede hacernos sentir más independientes y más libres.

Pero, ante todo, somos seres sociales que necesitamos relacionarnos con las demás personas. Así que, la otra cosa que podemos hacer es, dedicar algo de nuestro tiempo a intentar conocer gente nueva. Por ejemplo, haciendo un curso, o apuntándote en alguna actividad que nos guste. De esta forma, podremos relacionarnos con gente que, de entrada, compartiría con nosotros algunas aficiones.

En resumen, nos resulta necesario relacionarnos con otros para no sentirnos aislados del mundo. Pero también, estar solos en algunos momentos nos puede aportar muchos beneficios que debemos apreciar. (3) (4) (5)

1.6.- Aprendiendo a ser feliz en soledad

Si usted es un reo de la soledad, permítanos asegurarle que, por los momentos, lo menos importante es el motivo de esa sensación de soledad, porque lo más importante, es cambiar de perspectiva cuanto antes. Si podemos aprender a disfrutar de la soledad, estaremos protegidos frente a la depresión, la tristeza y la angustia. Cuando nos sentimos solos a pesar de contar con una buena fachada social, cuando lo que ocurre es que no nos identificamos con la gente que nos rodea, no podemos dejar que la tristeza se apodere de nuestro ser. Debemos buscar las maneras de establecer nuevas amistades, nuevas relaciones, o cambiar nuestra forma de relacionarnos con las personas que ya tenemos a nuestro alrededor.

Cuando la soledad llega a nuestra vida por no tener gente a nuestro lado, o porque nuestros antiguos amigos ya se han ido, o tienen otro tipo de vida, o porque nos hemos mudado de ciudad y no conocemos a nadie, o porque nuestro trabajo no nos permite mantener una vida social acorde con nuestros gustos y deseos, no podemos permitir que las circunstancias marquen nuestra estabilidad psíquica. Recuerde que los verdaderos amigos siempre encuentran un momento para sus amigos cuando se les necesita; así que asuma con naturalidad la verdadera realidad con respecto a los que considera como amigos. Por otro lado, sabemos perfectamente que si no conocemos gente y optamos por quedarnos encerrados en nuestra casa, debemos tener la seguridad de que nadie va a venir a presentarse en nuestro hogar. Entonces, ¡demos el primer paso! ¡Adelante! ¡Hagamos nosotros, lo que nos gustaría que los demás hicieran!

En cualquier caso, entendemos que las situaciones por las que se puede llegar a la depresión a causa de la soledad son muy personales, y por eso remarcamos la necesidad de aprender a disfrutar de cierta soledad. Debemos considerar el hecho cierto de que la soledad no es, necesariamente, un impedimento para ser feliz. Porque es mucho lo que podemos hacer con nosotros mismos, empezando por nuestro desarrollo personal, por buscar la forma de conocernos mejor y así poder establecer una relación más sana con el mundo exterior.

28

Parte 2

Nadando en aguas más profundas

2.1.- Las tres dimensiones de la personalidad.

En esta parte comenzaremos a adentrarnos un poco más en las profundidades del tema. ¿Quién no ha visto alguna vez en la televisión, en periódicos, libros, suplementos, etc., una historieta donde un ángel y un demonio aparecen discutiendo entre ellos para convencer al personaje principal de la tira cómica para que realice o no una determinada acción? Aquí emplearemos la archiconocida figura de Homero Simpson para ejemplificar el punto a discutir

El célebre neurólogo Sigmund Freud describió un esquema mental a partir de tres instancias denominadas el Ello (el demonio), el Yo (la persona, Homero) y el Superyó (el ángel).

Los dilemas de Homero

El ELLO se refiere a la parte más profunda, primitiva, desorganizada e innata de la personalidad. El Ello se presenta de forma pura en nuestro inconsciente y es la estructura de la psique humana que aparece en primer lugar. A diferencia de lo que ocurre con el Yo y el Superyó, está presente desde que nacemos, y por lo tanto durante los primeros dos años de nuestras vidas es la que predomina a lo largo de ese periodo de tiempo. El ELLO lucha por hacer que las pulsiones primarias rijan la conducta de la persona, independientemente de las consecuencias a mediano o a largo plazo que eso pueda conllevar. (El ELLO no es sinónimo de inconsciente). Por ello se suele considerar que el Ello es "la parte animal" o "instintiva" del ser humano. Representa los impulsos, deseos y necesidades más elementales y primitivas de nuestro ser; el ser humano trata de cubrir sus necesidades fisiológicas inmediatamente sin considerar las consecuencias. El ELLO está constituido por impulsos tan básicos como la tendencia natural a satisfacer el hambre, la sed y la sexualidad, las que Freud llamó pulsiones de vida, alimentados por la libido.

El YO tiene como fin cumplir de manera realista los deseos y demandas del Ello y a la vez conciliándose con las exigencias del SUPERYÓ. Esta instancia psíquica surgiría a partir de los dos años y, a diferencia del Ello, se rige por el principio de la realidad. Eso significa que el Yo está más enfocado hacia el exterior, y nos lleva a pensar en las consecuencias prácticas de lo que hacemos y los problemas que puede generar una conducta demasiado desinhibida. Esto hace que se enfrente al Ello para aplacar las pulsiones que emanan de él, para lo cual utiliza los mecanismos de defensa. El YO media entre los instintos del ELLO, los ideales del SUPEREGO y la realidad del mundo exterior.

El SUPERYÓ es la parte que contrarresta al ELLO, representa los pensamientos morales y éticos adquiridos y aprendidos por influencias culturales. El Superyó aparecería a partir de los 3 años de vida, y es consecuencia de la socialización (básicamente aprendida a través de los padres) y la interiorización de normas consensuadas socialmente. Es una instancia que observa críticamente al YO; especie de conciencia moral integrada por el YO ideal (lo que la persona quiere ser), y el ideal del YO (censura e imperativo moral que juzga y determina los propios pensamientos y acciones).

Debido a que el Ello rechaza totalmente la idea del sometimiento a la moral, mientras que el Yo, a pesar de que trata de frenar las pulsiones, también se mueve por objetivos egoístas centrados en la supervivencia y lo pragmático de adaptarse al entorno, el Superyó se enfrenta a ambos.

2.2.- El equilibrio entre las fuerzas

Freud creía que todas estas partes de la psique existen en todas las personas y, a su modo, son parte indispensable de los procesos mentales. Sin embargo, también creía que la lucha entre el Ello, el Yo y el Superyó, en ocasiones puede generar descompensaciones que producen sufrimiento y la aparición de psicopatologías en el ser humano, por lo que se debía tratar de re-equilibrar la correlación de fuerzas a través del psicoanálisis.

Por ejemplo, si el Superyó llega a imponerse, la represión de pensamientos y emociones puede llegar a ser tan excesiva que periódicamente se producen crisis nerviosas, algo que atribuía, por ejemplo, a los casos de mujeres con histeria demasiado adheridas a una moral rígida y profundamente restrictiva.

Por otro lado, si es el Ello el que predominara, podría dar paso a la sociopatía, una impulsividad que pondría en peligro tanto a la persona que la experimenta, como a los demás que le rodean, ya que la prioridad absoluta del ELLO es satisfacer sus propias necesidades con urgencia.

Este concepto de equilibrio entre fuerzas opuestas impregnó totalmente la obra de Sigmund Freud, ya que no creía que existiese una solución definitiva al enfrentamiento entre las tres instancias psíquicas: las personas más sanas no son aquellas en las que el Ello, el Yo y el Superyó han dejado de luchar (cosa imposible, según él), sino aquellas en la que esta lucha causa menos infortunios.

Hay que tener en cuenta, sin embargo, que la imposibilidad de refutar las teorías de Freud convierte estos tres conceptos en constructos teóricos poco útiles para la psicología científica actual, en parte por el impacto que tuvieron sobre la filosofía de la ciencia, las obras de otros connotados especialistas como Karl Popper, y sus críticas al psicoanálisis. (6)

En la Psicología conceptos como "Yo", "Ego" o "Self" son utilizados a menudo para designar la dimensión autorreferencial de la experiencia humana. La percepción de continuidad y coherencia, y por tanto el desarrollo del sentido de la identidad, depende de que concibamos una parte de nosotros mismos como el sujeto que protagoniza nuestra vida.

2.3.- El YO en el psicoanálisis

En la teoría de Sigmund Freud (1856-1939), el Yo es entendido como la parte consciente de la mente que debe satisfacer los impulsos instintivos e inconscientes del Ello teniendo en cuenta las exigencias del mundo externo y de la propia conciencia —el Superyó—, constituido por normas sociales interiorizadas.

El Yo, o la identidad, sería por tanto, una instancia intermedia entre la biología de un individuo y el mundo que lo rodea. Según Freud, sus funciones incluyen la percepción, el manejo de información, el razonamiento y el control de los mecanismos de defensa de la estructura psíquica.

Más tarde, uno de sus más brillantes discípulos, Carl Gustav Jung, definió el Yo como el núcleo de la consciencia; es decir, todo fenómeno psíquico o experiencia vital que sea detectado por el Yo, pasa a ser consciente. Así, el sentido del Yo se entiende como una estructura compleja con un doble componente: uno somático y otro psíquico.

Además, para Jung el Yo, centro de la identidad, está inmerso en el Sí Mismo ("Self"), que constituye el núcleo de la personalidad en general; el Sí Mismo incluye lo inconsciente, además de la parte consciente de la experiencia. Sin embargo, somos incapaces de experimentar el Sí Mismo de forma completa, puesto que estamos anclados al Yo y a la consciencia.

2.4.- Acerca del sentimiento de soledad

En uno de los muchos trabajos presentados por la reconocida psicoanalista de origen austriaco, Melanie Klein, titulado "Sobre el Sentimiento de Soledad", publicado en 1963, se afirma que *"la sensación de soledad, es la intensa sensación de estar solo, sean cuales fueren las circunstancias externas. En otras palabras, es la sensación de sentirse solo incluso cuando se está rodeado de amigos o se recibe afecto"*. Según la Doctora Klein, este estado de soledad interna, es producto del anhelo omnipresente en la mente del individuo, de lograr un inalcanzable estado interno perfecto. Este tipo de soledad, que en cierta medida todos experimentaríamos, proviene de ansiedades paranoides y depresivas, las cuales son derivados de las ansiedades psicóticas incorporadas durante nuestros primeros meses de vida, cuando aún somos unos bebés. Tales ansiedades existirían, en mayor o menor grado, en todos los seres humanos, pero son excesivamente intensas en el individuo enfermo; por consiguiente, la soledad forma parte también de la enfermedad, tanto de índole esquizofrénica, como depresiva.

Antes de continuar, permítanos aclarar varios conceptos muy importantes para la comprensión de los puntos a desarrollar:

Esquizofrenia.- Nombre genérico de un grupo de enfermedades mentales que se caracterizan por alteraciones de la personalidad, alucinaciones y pérdida del contacto con la realidad.

Paranoia.- Enfermedad mental que se caracteriza por la aparición de ideas fijas, obsesivas y absurdas, basadas en hechos falsos o infundados, junto a una personalidad bien conservada, sin pérdida de la conciencia ni alucinaciones.

El **Sí Mismo:** Es el concepto que cada uno de nosotros tiene de sí mismo. Consiste en quién y qué pensamos que somos. Generalmente todos tenemos una idea más o menos clara de quiénes somos; de nuestras características físicas y psicológicas; de nuestras virtudes y deficiencias; de nuestra personalidad en general.

La psicosis es un término genérico utilizado en psicoanálisis y psiquiatría para referirse a un estado mental descrito como una escisión o pérdida de contacto con la realidad. A las personas que lo padecen se las denomina psicóticas.

Definición de posición.- En la teoría de Melanie Klein, el vocablo posición reemplaza a los términos etapa, fase o estadio, como un concepto atemporal, mucho más dinámico y espacial.

Una posición puede haber sido ya elaborada, pero en cualquier momento de la vida puede experimentar una regresión a una de las dos posiciones primarias descriptas por Klein: la posición depresiva y la posición esquizo-paranoide.

Cada posición está definida por cuatro elementos:

1.- Ansiedad predominante

2.- Relación de objeto

3.- Mecanismo de defensa

4.- Fantasía inconsciente

La expresión **"posición esquizoparanoide"** se refiere a un grupo de manifestaciones de ansiedades, defensas y relaciones con respecto a objetos interno y externo, que Klein considera características de los primeros 3 o 4 meses de vida de un recién nacido, y que en distinta medida persiste en la niñez, y aún hasta cuando nos hacemos adultos. En esta posición (fase) predominan un sadismo máximo y una ansiedad predominantemente persecutoria, paranoide y llena de confusión.

Klein afirma que para poder comprender cómo aparece el sentimiento de soledad en un sujeto –lo mismo sucedería en el caso de otras actitudes y emociones–, debemos retroceder hasta la temprana infancia de la persona, y después, rastrear la posterior influencia de dicho período en las etapas siguientes de la vida del individuo.

Klein sostiene que el YO existe y actúa desde el momento mismo del nacimiento del niño. Al principio, este mismo YO acusaría una considerable falta de cohesión y estaría dominado por mecanismos de escisión. El recién nacido no tiene consciencia de su madre como una persona, como un objeto total, sino que la relaciona exclusivamente con el pecho materno. El bebé es amamantado y su vida depende del pecho de la madre. El niño lo siente como «pecho bueno» cuando lo gratifica y «pecho malo» cuando lo frustra. Estas experiencias gratificantes o frustrantes durante el proceso de alimentación, son los estímulos para los impulsos libidinosos de amor, o de los agresivos de odio. El pecho bueno se convierte en el prototipo de los objetos gratificantes, beneficiosos y el pecho malo se convierte en el prototipo de los objetos frustrantes, persecutorios. En esta posición (o etapa), la disociación de los objetos externos e internos, genera fantasías de un objeto bueno gratificante y un objeto malo frustrante, y por ende, entre un objeto idealizado y un objeto persecutorio. Melanie Klein afirma que en la posición esquizo-paranoide, el niño experimenta estados de ansiedad provocados tanto por causas internas (frustración de las necesidades corporales, hambre, sueño, etc.), como por causas externas (trauma del nacimiento, ruidos, luces y otros eventos traumáticos). La ansiedad, según Klein, da cuenta de la acción de la pulsión de muerte en el organismo del individuo, lo cual se vive como miedo a la muerte, a la propia aniquilación, y en esta etapa es causa de ansiedades persecutorias.

Lo que en sus primeros trabajos era definido como culpa persecutoria, más tarde pasa a ser llamado ansiedad. En la posición esquizo-paranoide se hallan los puntos de fijación de la esquizofrenia y de la paranoia. Esta fase es sustituida por la posición depresiva.

La introyección del pecho bueno constituye el núcleo del yo. La introyección estable del objeto bueno es una precondición para el desarrollo normal del niño.

En esta etapa, la ansiedad predominante es persecutoria, pues predomina el temor a los ataques retaliativos de los objetos malos internos y externos. Características de la posición:

Ansiedad predominante: persecutoria

Relación de objeto: con un objeto parcial

Mecanismo de defensa: disociación (escisión, introyección o identificación proyectiva).

La Soledad: ¿Una prisión sin barrotes?

Fantasía inconsciente: sádica y destructiva hacia el pecho

El peligro de ser destruido por el instinto de muerte dirigido contra el Sí Mismo, contribuye a la disociación de los impulsos naturales en buenos y malos; luego, en virtud de la proyección de dichos impulsos en el objeto primario —es decir, la madre—, hace que éste también se disocie en una parte buena y otra parte mala. En consecuencia, en las etapas más tempranas del niño, la parte buena del YO y del OBJETO BUENO están, en cierta medida, protegidas, ya que se evita que la agresión se dirija contra ellos. Estos son los procesos específicos de escisión que, como señala la Doctora Klein, constituyen la base —hasta donde es factible lograrla— de una seguridad relativa en el bebé muy pequeño. Así mismo, también se producen otros procesos de escisión, como los que conducen a la fragmentación, que son nocivos para el YO y su fortaleza. Es decir, junto con la apremiante necesidad de disociar, también existe, desde el comienzo de la vida del niño, una tendencia a la integración, la cual va creciendo a medida que el YO se desarrolla.

Este proceso de integración está basado en la introyección del objeto bueno, que inicialmente es un objeto parcial: el pecho de la madre, —si bien otros aspectos de ésta también entran a formar parte de la misma relación que se establece en la edad más temprana del bebé—. Si el objeto bueno se establece con relativa firmeza, se convierte en el núcleo central del YO en desarrollo. Una relación temprana satisfactoria con la madre (la cual no es forzoso que esté basada en la lactancia natural, puesto que el biberón puede también representar simbólicamente al pecho), implica un estrecho contacto entre el inconsciente de la madre y el del niño; esto constituye el principio fundamental de la más plena experiencia de ser comprendido, y está esencialmente vinculado a la etapa preverbal.

No obstante, aún en el mejor de los casos, la relación placentera con la madre (o con el pecho de ésta), siempre se verá perturbada, ya que inevitablemente surgirá la ansiedad persecutoria en el bebé. La ansiedad persecutoria está en pleno apogeo durante sus tres primeros meses de vida. En otras palabras, el período de la posición esquizo-paranoide aparece desde el comienzo de la vida como resultado del conflicto entre los instintos de vida y de muerte en el bebé, al que se suma también la terrible experiencia del nacimiento. Toda vez que también surgen violentos impulsos destructivos, la madre y el pecho de ésta se viven en virtud de la proyección como persecutorios, y por lo tanto el bebé experimenta inevitablemente cierta inseguridad, siendo esta inseguridad paranoide una de las causas esenciales de la soledad.

En consecuencia, por muy grata que sea el curso de la vida de una persona, en el hecho mismo de comunicar los propios pensamientos y sentimientos a alguien con quien se congenia, subsiste el anhelo insatisfecho de una comprensión sin palabras; en última instancia, de algo similar a la primitiva relación que se tenía con la madre. Dicho anhelo deriva de la vivencia depresiva de haber sufrido una pérdida irreparable y contribuye fuertemente al sentimiento de soledad.

La posición depresiva es un concepto que designa una modalidad de relaciones de objeto característica del segundo semestre del primer año de vida del ser humano, período en el cual en el niño predomina el temor a la pérdida del objeto amado. Lo fundamental de cada posición es el tipo de ansiedad predominante. Durante esta fase de su vida, predomina en el bebé la posición depresiva. En esta fase, la ansiedad predominante es el temor a la pérdida del objeto bueno, interno y externo, por los ataques de los objetos malos y del ello.

Ansiedad predominante: depresiva

Relación de objeto: con el objeto total

Mecanismos de defensa: defensas maníacas: negación, triunfo y desprecio

La Soledad: ¿Una prisión sin barrotes?

Fantasía inconsciente: temor a la pérdida del objeto amado.

Cuando se alcanza la posición depresiva -por lo común al promediar la primera mitad del primer año de vida-, el YO del bebé se encuentra ya más integrado, lo cual se manifiesta en una mayor sensación de totalidad, con lo que el bebé está en mejores condiciones para relacionarse con la madre, y más adelante con otra gente, como una persona total. De este modo, la ansiedad paranoide, como elemento constitutivo de la soledad, va siendo reemplazada cada vez más por la ansiedad depresiva.

Antes, habíamos visto que en la posición esquizo-paranoide la disociación del objeto externo e interno había generado fantasías de un objeto bueno gratificante y un objeto malo frustrante. Durante la posición depresiva se produce un proceso de síntesis del objeto que disminuye las ansiedades persecutorias, el Yo inhibe las pulsiones agresivas sentidas como peligrosas para el objeto amado, la madre, y adquiere mayor fuerza e integración. El bebé comienza a percibir a su madre como un objeto total, una persona, y no solamente como un pecho bueno gratificante y un pecho malo frustrante. El rasgo predominante en la posición depresiva, es tanto la integración del objeto malo y el objeto bueno en uno solo —el objeto total—, como la integración del Yo.

En la posición depresiva se hallan los puntos de fijación de la manía y la melancolía. Aunque este tipo de relaciones con la madre - o más precisamente, con el pecho materno-, percibida ahora como un objeto total, sustituye a la posición esquizo-paranoide - en la cual se la percibía escindida como objeto «bueno» y objeto «malo», su reactivación también es posible en la vida adulta de la persona. La angustia frente al peligro de perder al objeto amado se acompaña, en ambas posiciones en diversos grados, de la fantasía inconsciente de destruirla por causa del propio sadismo. En la posición depresiva, la angustia es manejada con defensas de diverso tipo y finalmente es superada por vía de la introyección del objeto.

Pero el proceso de integración en el niño, acarrea a su vez nuevos factores y nuevos problemas. Una de las razones que favorecen la integración, es que los procesos de escisión, por cuyo intermedio el YO temprano intenta contrarrestar la inseguridad, tienen una eficacia sólo transitoria, lo cual impulsa al YO a tratar de contemporizar con los impulsos destructivos. Esta tendencia contribuye a la necesidad de integración; ya que, de poder alcanzarla, la integración tendría el efecto de mitigar el odio por medio del amor, reduciendo así la violencia de los impulsos destructivos. El YO sentiría entonces una mayor seguridad, no sólo con respecto a su propia supervivencia, sino también a la de su objeto bueno. Esta es una de las razones por las que la falta de integración resulta tan extremadamente penosa. Cuesta mucho aceptar la integración. La unión de los impulsos destructivos con los amorosos, por una parte; y de los aspectos buenos y malos del objeto, por otra parte, despierta en el niño el temor de que los sentimientos destructivos puedan sofocar los sentimientos amorosos y amenazar al objeto bueno. Es decir, existe en el niño un conflicto entre la búsqueda de la integración como protección contra los impulsos destructivos, y el miedo a la integración por la posibilidad de que los impulsos destructivos amenacen al objeto bueno, y a las partes buenas del Sí Mismo.

En algunos casos, la integración se realiza sólo en forma muy gradual, y es factible que la seguridad que proporciona, se vea perturbada en momentos de fuerte presión interna y externa; y esto conserva su validez durante toda la vida. Es decir, nunca se llega a una integridad total y permanente, ya que siempre persiste cierta polaridad entre los instintos de vida y de muerte, la cual sigue siendo la causa más profunda de conflicto. Puesto que nunca se logra una integración total, tampoco es posible comprender y aceptar plenamente las propias emociones, fantasías y ansiedades, y esto subsiste como un factor importante en la soledad. El anhelo de comprenderse a sí mismo se encuentra también ligado a la necesidad de ser comprendido por el objeto bueno internalizado.

Existe además otra relación entre la soledad y el problema de la integración, que es importante considerar en este momento: generalmente se supone que la soledad puede nacer de la convicción de que no se pertenece a ninguna persona o grupo; esta convicción tiene, en realidad, un significado mucho más profundo. Por mucho que progrese la integración, ésta no logra eliminar por completo la sensación de que no se dispone de ciertos componentes del Sí Mismo porque están escindidos y apartados y es imposible recuperarlos.

Algunas de estas partes escindidas y apartadas han sido proyectadas en otras personas, lo cual contribuye a crear la sensación de que no se está en posesión total del propio YO. Es decir, que uno no se pertenece por completo a Sí Mismo ni, por lo tanto, tampoco a nadie más. Por lo tanto, se afirma que ni siquiera las personas sanas logran superar por completo las ansiedades paranoides y depresivas, las cuales constituyen la base de cierto grado de soledad.

En el curso de la niñez temprana, e intermitentemente durante la fase adulta, se retorna continuamente a la posición depresiva. En estos sucesivos pasajes se producen nuevas y más refinadas elaboraciones de la misma. Es fundamental darse cuenta de la existencia de fantasías y sentimientos de odio en relación con el objeto amado, prototípicamente la madre. Anteriormente, éstos se veían como dos objetos parciales separados: el ideal y amado, y el perseguidor y odiado. En el periodo anterior (posición esquizoparanoide) la principal ansiedad refería a la supervivencia del YO. En la posición depresiva, la ansiedad se siente por el objeto.

Cuando se puede internalizar la confluencia de las figuras amadas y odiadas, la ansiedad comienza a focalizarse en el bienestar y la supervivencia del otro como objeto total, dando lugar, con el tiempo, a la culpa con cargo de conciencia y a la tristeza conmovedora, vinculadas a un acrecentamiento del amor. El anhelo de lo que se ha perdido o dañado con el odio viene acompañado de un impulso por reparar las cosas. Y en la medida que aumentan las capacidades más definidas del ego, el mundo se percibe de una manera más rica y realista. Disminuye el control omnipotente sobre el objeto, que ahora se siente más real y separado. El reconocimiento del otro como algo separado del YO, implica la aceptación de otras relaciones que tiene el objeto, aparte de la que mantiene con uno mismo.

Existen considerables diferencias individuales en la manera como se experimenta la soledad. Cuando la ansiedad persecutoria es relativamente intensa, aunque siempre dentro de los límites aproximados de normalidad, es probable que la relación con el objeto bueno interno se vea perturbada, y se lesione la confianza en la parte buena del Sí Mismo. En consecuencia, existe una mayor proyección de sentimientos y suspicacias paranoides con respecto a los demás, con el consiguiente sentimiento de cierto grado de soledad. En la verdadera esquizofrenia, estos factores están presentes en forma aún más exacerbada. En otras palabras, la falta de integración que hasta el momento hemos estado examinando en el campo de la normalidad, aparece ahora en su forma patológica. Indudablemente, todas las, características de la posición esquizo-paranoide aparecen aquí en grado superlativo. (7) (8) (9)

Parte 3

Nadando en aguas más profundas

Como en la parte precedente se trató un contenido de cierta complejidad, y donde se emplean términos o definiciones nuevas, y tal vez un tanto difíciles de comprender, nos vamos a permitir, con la venia del estimado lector, ejemplificar aquellos conceptos con nuestras propias vivencias, en la esperanza de que esto nos ayude a internalizar o comprender más fácilmente las novedosas ideas plasmadas por los ilustres especialistas que nos han servido de base para el presente trabajo.

Klein nos habla de situaciones que ocurriría en la vida de un niño desde el mismo momento de su nacimiento. En su trabajo nos habla de la posición esquizoparanoide, de la posición depresiva, de escisión, de fragmentación y nos menciona otros términos que para el común de las gentes resultan un tanto complicadas de entender. Pero, veamos algo que es evidente:

En aquellos tiempos, del mismo modo que ocurría con Freud, la ciencia oficial tampoco reconocía el influjo traumático del parto por la sencilla razón de que, supuestamente, en el niño recién nacido no existe memoria (cognitiva) de estos acontecimientos debido a la inmadurez del sistema nervioso del neonato. Si no hay recuerdos, no puede haber trauma –concluían los expertos de aquella época-, en la evidencia de que los primeros recuerdos de nuestra infancia suelen estar fechados entre los 3 o 4 años de edad. Aquellos alegaban que antes de eso no puede existir memoria traumática puesto que no hay memoria (cognitiva) para establecer etiquetas sobre los acontecimientos.

Pero, paralelamente a estas interesantes cuestiones que se planteaban en el campo de la Psicología y de la Psiquiatría, se desarrollaba la Física Cuántica, lo que tal vez dio pie a formular novedosas cuestiones como: ¿no podría existir una memoria no cognitiva? ¿Podrían existir recuerdos preverbales que serían causa de posteriores traumas en la fase adulta del ser humano? ¿No podría ser posible que existiera una impregnación traumática no local?

¿Acaso las respuestas a estas preguntas no deberían involucrar, necesariamente, nuestro concepto de inconsciente, el cual no debería ser un lugar, ni mucho menos un órgano, sino una memoria extendida que no sólo debería considerarse cognitiva, sino también celular y arquetípica?

Otto Rank fue un psicoanalista austríaco, escritor y profesor universitario, quien trabajó junto a Sigmund Freud durante veinte años. Entre sus méritos profesionales se encuentra el hecho de ser el editor de dos importantes revistas sobre psicoanálisis, además de ser uno de los primeros discípulos de Freud y un componente fundador del circulo de Viena que destacó por la publicación de un texto sobre mitología y psicoanálisis, que es en la actualidad un clásico sobre el tema y que se titula "El mito del nacimiento del héroe" que serviría de base para que más tarde Joseph Campbell escribiera aquella obra maestra que se conoce con el nombre del "Héroe de las mil caras: psicoanálisis del mito", un texto fundacional entre la psicología jungiana y la mitografía.

Pues bien, Rank publicó en 1923 un libro titulado "El trauma del nacimiento" que le valió duras críticas de su maestro. Tal obra vino a conmover las teorías freudianas acerca del complejo de Edipo hasta el punto que le valió "caer en desgracia" con respecto al movimiento psicoanalítico que por aquel entonces mantenía una enorme intransigencia frente a las disidencias de los discípulos más aventajados y creativos de Freud: Jung, Reich, Tausk y otros. Éstos siguieron la misma senda que Rank, por lo que también fueron expulsados, o se distanciaron del psicoanálisis de Freud a causa de sus discrepancias con el maestro.

Rank, en su controvertida obra, sostenía que el trauma más importante en la vida de una persona no era el complejo de Edipo, ni la función paterna, ni la castración o la represión, sino el nacimiento, el momento del parto. Rank concluyó que la separación del vientre materno debía ser considerada como un evento traumático, a partir del cual podría explicarse, no sólo la neurosis, sino la humanización en general. Lo que entonces parecía ser una nueva contribución a la causa psicoanalítica, sería, finalmente, un desafió a los supuestos freudianos. Hoy, algunos autores como Stanislav Grof, van aún más allá, y tienden a pensar en términos perinatales y plantean que el momento del nacimiento es una experiencia tan cercana a la muerte que, indudablemente, debe dejar profundas huellas en el psiquismo humano. Grof sostiene que la idea debe extenderse al ambiente uterino inicial. En aquel tiempo, se comenzó a pensar el trauma desde el punto de vista del entorno que circunda al embrión y al feto durante todo el embarazo y los sucesos que acaecen en la madre durante este tiempo.

Para Freud, el inconsciente era algo individual que tenía que ver con los contenidos pulsionales que aparecían en la vida de una persona. Estas pulsiones estaban fuertemente unidas por enlaces a ciertos mecanismos de defensa que ocultaban y desfiguraban la pulsión hasta hacerla irreconocible. Freud pensaba que la vida psíquica, en su mayor parte, era inconsciente y que la conciencia solo representaba una pequeña parte, la visible, del enorme iceberg oculto bajo el mar que representaba la idea del inconsciente, que en cualquier caso, seguía siendo algo individual y propio de cada ser humano.

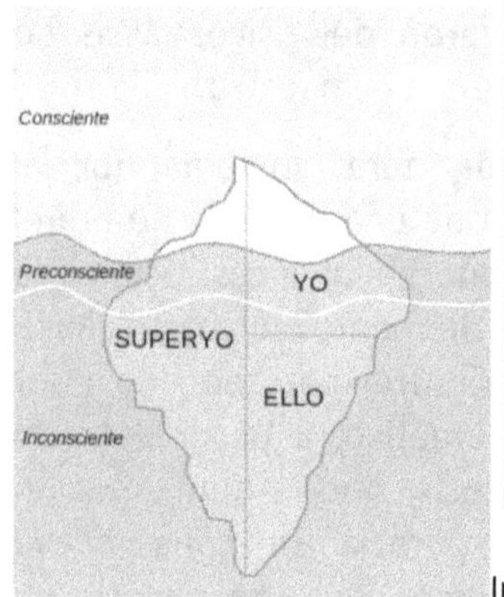

Modelo estructural del aparato psíquico:

El Ello, el yo y el superyó, se superponen a la primera tópica (consciente, preconsciente, inconsciente).

Imagen tomada de Wikimedia Commons.

En consecuencia, si el inconsciente estaba lleno de recuerdos, lo lógico y natural era que el método mediante el cual se intentaban recuperar estos recuerdos fuera el verbal. Es por eso – y de allí la gran influencia de Freud en la psiquiatría y la Psicología-, que casi todas las psicoterapias conocidas se articulaban alrededor del lenguaje, a través de la charla o de la interacción entre el terapeuta y el paciente. Desde entonces, toda la metodología del tratamiento psicológico se instituyó a través de la charla y del diálogo. Es decir, a través de un estado de conciencia vigilante, abordable, sensata, colaboradora y locuaz.

Pero, ¿cómo habría de tratar a los pacientes psiquiátricos que se muestran hostiles, que no son colaboradores, que presentan disfunciones relacionales graves, que no son abordables o que se muestran desconfiados o reticentes, incluso, agresivos? Pronto se dictaminó que el psicoanálisis y la psicoterapia eran ineficaces en los pacientes psiquiátricos, precisamente porque estos no eran capaces de mantener un estado de conciencia colaborador con esa tarea de recordar, repetir y elaborar recuerdos.

Poco a poco fueron refinándose otro tipo de terapias influidas por el psicoanálisis que podrían aplicarse a pacientes psicóticos, pero nunca se cuestionó su principio básico: de lo que se trataba era de recordar el trauma, aunque la mayoría de las veces no hubiera trauma histórico alguno por descubrir en los pacientes tratados.

Hasta que alguien se preguntó acerca de la posibilidad de un trauma que pudiera establecerse en un momento donde no hubiera palabras para codificarlo. Y entonces las miradas de los especialistas se volvieron a las ideas de Otto Rank: "¿Y si hubiera un trauma del parto?" "¿Cómo se manifestaría?"

No cabe ninguna duda de que podría manifestarse a través de una neurosis común, un trastorno de la personalidad, una psicosis o una enfermedad psicosomática dependiendo de la vulnerabilidad genética de cada cual. Pero es seguro que no podría manifestarse nunca a través de un recuerdo verbal en tanto es verdad que no podría ser decodificado mediante palabras.

No cabe ninguna duda de que el parto debe ser una experiencia aterradora tanto para el bebé, como lo es para la madre. Durante su evolución y dinámica, existen peligros reales a los que se enfrentan ambos actores, pero aquí nos referiremos tan sólo a algunos relacionados con el bebé y que tienen que ver con eso que los ginecólogos llaman "sufrimiento fetal" y otras condiciones ligadas al periparto (Período inmediatamente anterior, durante, e inmediatamente después del parto).

Afortunadamente, en la actualidad los ginecólogos y obstetras han logrado minimizar algunos de los frecuentes "accidentes" que ocurrían durante el parto, y que en otros tiempos se saldaban con una oligofrenia, o retrasos mentales, ligados a daño cerebral por hipoxias o traumatismos obstétricos graves. Es evidente que la medicina moderna ha logrado hacer sobrevivir a muchos niños, que, sin los cuidados médicos actuales, morirían en el Periparto.

Hoy, sabemos que en la prematuridad existe un alto factor de riesgo de contraer casi todas las enfermedades mentales y algunas físicas, incluyendo la esquizofrenia. La experiencia de soledad que un niño debe sentir en la incubadora es difícil de adivinar, pero muy fácil de sembrar empatía en cualquier persona. En lo personal, no podemos ni siquiera imaginar la situación de aquellos niños que deben pasar por la durísima prueba de sustituir pañales, calor, ternura y mimos maternos, por tubos, goteros, respiradores y un aislamiento quirúrgico perfecto. La asepsia se impone sobre el calor humano y es fácil suponer que algún efecto ha de tener la permanencia en un lugar así, sobre la futura estructura psíquica del niño. Hoy se sabe que la hipoxia tiene sobre el psiquismo, un efecto muy parecido al que provoca la falta de amor, y que no sólo se manifiesta a través de déficits neurológicos sino también en una atribución permanente de amenaza frente al mundo.

Hipoxia: En medicina, la hipoxia es un estado de deficiencia de oxígeno en la sangre, células y tejidos del organismo, con compromiso de la función de los mismos.

Oligofrenia: Discapacidad mental grave que se caracteriza por una deficiencia en el desarrollo intelectual y alteraciones del sistema nervioso.

Obviamente, el parto es una situación que el niño debe percibir como una situación de grave amenaza para su vida y tal vez lo perciba de una manera difusa a través de todas las células de su cuerpo y no solamente a través de la memoria cognitiva. La situación de esfuerzo por abrirse camino en el canal del parto, los tropiezos en la estrechez de ese canal, los enredos con el cordón umbilical, o las dificultades de la madre para dilatar, deben resultar excepcionalmente dramáticas para el bebé que pugna por emerger desde un mundo previsible, acuoso y cálido, casi ingrávido, a un mundo aéreo, grávido, lleno de estímulos chirriantes y ambientalmente hostil. No debemos olvidar que ese tránsito culmina con un grito primordial, en el que el niño, a través de su primera respiración, modifica su estatus de feto, a bebé. Una situación que algunos entendidos comparan con un paroxismo parecido al de la muerte y que debe dejar su impronta en el psiquismo de ese niño. No es de extrañar que algunos autores piensen que este momento es una experiencia muy parecida a la de aquellos que han estado en ese umbral entre la vida y la muerte y que han vuelto para contarnos –esta vez sí–, su experiencia.

¿Cómo puede el estrés de una madre influir en su feto durante el proceso de gestación? Hasta ahora no hay manera de saberlo a ciencia cierta, pero lo cierto es que el sentido común y la observación clínica, apuntan a que el rechazo inconsciente del embarazo provocan no pocos disturbios en el vinculo madre-hijo. Una madre que, por ejemplo, sufra una pérdida importante durante su embarazo puede impregnar y hacer vulnerable a su hijo a través de ciertas hormonas de estrés como el cortisol. Hoy se sabe que las pérdidas significativas de la madre durante su embarazo, se correlacionan con la salud futura del hijo, su inteligencia y sus rendimientos intelectuales. Así como también con complicaciones durante el parto y la propensión a enfermedades respiratorias.

No existen estudios que correlacionen la presentación fetal con la patología futura. Tampoco se conoce de qué modo el nacimiento por cesárea influye sobre el temperamento del niño, pero algunas observaciones apuntan hacia una relación entre esta común práctica médica y la posibilidad de tener negativas consecuencias futuras para el niño, que aún son mal conocidas. Una de las más señaladas consecuencias, es el hecho de que el parto natural exige del niño un cierto esfuerzo, empuje y deseos de nacer, mientras que el parto por cesárea no implica este primer hálito de vida y resistencia. Si esta diferencia tiene implicaciones clínicas o no, será el tiempo el que lo dirá, dado que el parto por Cesarea ya comienza a ser la regla y no la excepción. (10) (11)

3.1.- Un caso de la vida real

Con la venia del amable lector, ahora nos permitiremos la libertad de traer a colación el caso de un íntimo y viejo amigo nuestro, cuya vida conocemos al dedillo y a quien llamaremos Juan X:

Juan X es uno de los primeros hijos de una familia formada por 14 hermanos. La madre de Juan fue una mujer proveniente de la clase baja de su país, analfabeta, y sin ninguna preparación. Juan X y sus primeros 6 hermanos fueron engendrados por diferentes padres. Nuestro amigo tuvo la "fortuna" de ser testigo de primera mano del nacimiento y crianza de sus últimos 8 hermanos. Dejemos que Juan nos cuente su odisea con sus propias palabras:

— "Mi madre paría todos los años. Desde que tengo uso de razón, casi no recuerdo haber visto a mi madre sin estar embarazada. Los nacimientos de mis últimos 8 hermanos apenas se llevan una diferencia que oscila, aproximadamente, entre los 12 y los 16 meses de diferencia entre uno y el que le sigue. Incluso, los dos últimos hermanos cumplen año el mismo mes. En otras palabras cuando el último nació, el que le precedía tenía exactamente 3 meses de nacido. Lo malo, es que cuando nacía el último hermano, el que le precedía, que para ese momento tendría como máximo, entre 3 y 7 meses de edad, era sacado de la habitación de mi madre, y trasladado a dormir y a vivir con sus hermanos mayores. Todos mis hermanos pequeños fueran destetados a las pocas semanas de nacidos. Una vez le escuché decir a alguien, en forma jocosa, que mi madre ni siquiera respetaba los días de cuarentena. En aquel momento no entendí lo que quiso decir esa persona. No sé por qué, pero esa frase se quedó grabada en mi alma a sangre y fuego. Mucho me temo que con nosotros, los hijos mayores, también sucedió la misma situación".

La Soledad: ¿Una prisión sin barrotes?

— ¿Por qué crees que contigo ocurrió lo mismo? – inquirí.

— "Por la sencilla razón de que yo, que fui el cuarto hijo de mi madre, y la hermana que me precedió y la hermana que nació un año después que yo naciera, cumplimos año el 4, el 13 y el 15 de junio. Es decir, entre el tercero, el cuarto y el quinto hijo de mi madre, nos llevamos exactamente un año de diferencia. –Respondió Juan X con voz evidentemente emocionada".

— ¿Tu madre se desentendía de un bebé que no llegaba a tener más de 6 meses de nacido?

— ¡No exactamente! ¡Pero, casi! Básicamente, desde el recién nacido de turno, hasta los de mayor edad, pasaron a depender de nuestras hermanas mayores a pesar de que ellas aún no habían abandonado la niñez, ya que a lo sumo no pasaban de 9 o 10 años desde que comenzaron a hacerse cargo de mis hermanos menores.

— ¿Cuál era la razón para que esto sucediese?

— Entre otras razones, estaba el hecho de que mi madre trabajaba.

— ¿Tu madre siempre trabajó en la calle?

—No. A veces pasaba temporadas en casa.

— ¿Cuándo ella estaba en casa, la situación era distinta en relación al cuidado de los pequeños?

— ¡No! Se mantenía igual. Incluso, las condiciones empeoraban.

— ¿Por qué dices eso?

—A nosotros nos azotaban casi por cualquier cosa. ¡Imagínate cómo sería el asunto con nuestra madre en casa todo el día! Todos los hijos mayores que estuviésemos en casa debíamos movernos con extrema cautela. Mi madre era una fiera. Con los hijos pequeños, su comportamiento era muy diferente. Para ellos había todo lo mejor. Con nosotros, y en especial con mis hermanas, el asunto era muy diferente. Debo reconocer que no éramos unos santos, pero no nos merecíamos aquel trato con que nos obsequiaban mi madre y su último marido. ¡Sólo éramos unos chicos de corta edad que queríamos jugar y disfrutar de nuestra niñez!

— "Nuestra madre, tal vez por la vida que llevaba, era muy dura, muy áspera con nosotros, especialmente con los mayores, quienes conformábamos una especie de hijos de segunda o de tercera categoría. En la práctica, nuestra familia estaba conformada por tres grupos de hijos: 1.- Nuestro hermano mayor que desde los 14 años, o menos, se decidió a llevar una vida prácticamente independiente (trabajaba y se automantenía). Desde temprana edad, él se desentendió de los demás hermanos. En la práctica, era casi un extraño para nosotros. 2.- El grupo del medio, donde estábamos 4 hermanas y yo, quienes éramos los hijos de mayor edad. Conformábamos el grupo de servidumbre y de atención infantil de nuestros hermanos menores. De hecho, las hermanas del medio eran las verdaderas madres de los pequeños, pues éstos estaban prácticamente a nuestro cargo durante las 24 horas del día, los 7 días de la semana. Los hijos del segundo grupo recibíamos un trato muy duro —mejor diríamos, casi salvaje— por parte de nuestra madre y en especial por parte de nuestro padrastro. 3.- El último grupo, el de los pequeños, quienes eran los mimados, los que se llevaban las palmas y los especiales cuidados maternos, si es que podían ser catalogados de esta forma".

— "Como se puede colegir, había en nuestra casa una gran diferencia social. Todo lo mejor era para los hijos del tercer grupo. Es decir los hijos del último marido de mi madre: ropas, cuidados, mimos, cariño, buen trato, útiles escolares, oportunidades, etc."

— "En lo personal, con respecto a mi madre, tengo muy pocos recuerdos infantiles que puedan calificarse como gratos. Básicamente, durante mi infancia, creo que solo recuerdo 3 ó 4 momentos muy especiales para mí.

— ¿Puedes hablarnos de esos momentos?

—Uno de esos hermosos recuerdos, era cuando mi madre me sentaba en el suelo, entre sus piernas, para revisar mi cabeza para ver si tenía piojos, pulgas, garrapatas, o cualquier otra cosa. Esto sucedía muy de vez en cuando. Yo adoraba esos muy esporádicos momentos. Realmente amaba esas ocasiones, pues era la única oportunidad que tenía de sentir el calor de mi madre cerca de mí. Mi madre nunca tuvo idea de lo que esos momentos significaban para mí. En ocasiones, cuando veía a mi madre de buen humor, yo inventaba una fuerte picazón en la cabeza para provocar la revisión materna. A veces daba buenos resultados."

— "Otro momento muy grato e inolvidable, fue una noche en que cayó una fea y fuerte tempestad que nos asustó a todos los hermanos, principalmente a los pequeños que se despertaron por la conmoción causada por semejante tormenta. De pronto, nuestra casa comenzó a sentir los embates de la naturaleza. En algún momento, del techo de las dos habitaciones donde nos apiñábamos los hermanos, comenzó a destilar agua y las gotas de lluvia comenzaron a mojar nuestras camas. Las goteras eran muchas, por lo que nuestra madre se las vio negras para solventar la situación, pero al final, se las arregló para acomodarnos a todos en su habitación. Dormimos apiñados y casi que montados unos sobre los otros, pero yo me sentía en el cielo, pues estaba durmiendo en la habitación de mi madre y casi que podía sentir su calor; y en especial, me sentía completamente a salvo. Esa noche dormí muy bien y me levante feliz por haber vivido aquella aventura casi al lado de mi madre." Creo que hubiese preferido que la tempestad no hubiese cesado.

— "Otro momento muy especial de mi infancia, lo representan los momentos en que mi madre cantaba (algunas veces) mientras lavaba la ropa del gentío que tenía en su casa. Amaba aquellos momentos tan especiales en que mi madre, haciendo gala de una hermosa voz, entonaba aquellos boleros inolvidables de Celia Cruz, de Panchito Riset, de Toña La Negra, del Trío Los Panchos, de Tito Rodríguez, de Raúl Shaw Moreno, de Rafael Muñoz, de Leo Marini y otras consagradas figuras de la canción latinoamericana. Pero lo que verdaderamente me gustaba, era cuando entonaba las hermosas canciones de Pedrito Rico, de los Churumbeles de España, de Lola Flores, de Lola Beltrán y aquellas fabulosas rancheras de Pedro Infante, de Javier Solís y compañía. Cuando mi madre cantaba la canción "Campanera", yo me sentía en el paraíso. A veces, me escondía para oírla cantar y así evitar que se enojara y me ordenara ir a cuidar a los hermanos pequeños."

—"Hoy día, a pesar de que quiero mucho a mi madre, siento un fuerte rechazo hacia ella. Insisto en esta parte: la quiero y siempre la he ayudado lo mejor que puedo. Pero, hay algo que escapa de mi voluntad y que hace que me mantenga lejos de ella. Cuando la visito, casi que no soporto que se muestre tierna conmigo. Me desagradan mucho sus muestras de ternura con que a veces quiere obsequiarme. No puedo evitar pensar que cuando las realmente las necesité, no me las ofreció. Ahora, no puedo evitar rechazarlas. Este sentimiento de rechazo es de vieja data. Viene desde que era ya un adolescente. En mi criterio, mi madre fue culpable directa, o indirectamente, de muchas cosas malas que ocurrieron en el seno de mi familia. Considero que ella debería disculparse con absoluta sinceridad frente a mis hermanas mayores a quienes, por ignorancia, por desidia o por consciente omisión, ocasionó o permitió que nosotros, en especial las hermanas mayores, sufriésemos negativas experiencias de todo tipo que marcaron nuestras vidas. Pero creo ella no está convencida de su errático accionar y de los muchos errores cometidos. Lo mismo me sucede con la mayoría de mis hermanos menores, de quienes me mantengo alejado casi todo el tiempo. Trato de mantenerme lejos de ellos. Casi nunca los he invitado a estrechar nuestros lazos familiares. Prefiero permanecer solo, antes de estar a su lado. Existe algo que me separa de ellos. No quiero decir que ellos sean malas personas. Al contrario: son gentes honestas, trabajadoras y responsables; pero existe una barrera invisible que nos separa y que se ha ido haciendo más alta con el paso del tiempo. Me avergüenza reconocer que yo también tengo alguna responsabilidad en esta desafortunada situación, pero no haré nada por la unión familiar. ¡Que lo intente otro!

— ¿Cuál era el sentimiento que más predominaba en tu ánimo en el tiempo de tu infancia?

—Cuando era un chico, incluso, cuando ya era un adolescente, con mucha frecuencia me sentía solo. Nunca me sentí protegido. No tenía a nadie con quien compartir mis cuitas. Nunca me atreví, o mejor dicho, nunca tuve la oportunidad de confiarle a mi madre, algo íntimo, o algo que me hubiese ocurrido. Con mi padrastro, ni pensarlo siquiera.

— ¿Esta situación ha afectado tu vida como adulto?

— ¡Sí! Creo que sí la ha afectado, y mucho. En mi primera etapa como adulto, cuando nacieron mis hijos, creo que consciente, o inconscientemente, los traté con cierta dureza, con cierta rigidez. Tal vez, visto introspectivamente, creo que la rigidez en el trato para con ellos, nunca fue justificada. Mis hijos resultaron ser excelentes personas: muy sanos física, mental, moral y espiritualmente. A pesar de que mi mujer y yo nos sentimos muy satisfechos por los logros obtenidos con ellos, en lo personal, como padre, a veces siento cierto remordimiento por algunos actos de cierta dureza que cometí con ellos. Sólo espero que ellos puedan perdonar mis errores. Sólo puedo excusarme con una ridícula frase: "De la unión de un burro con una burra, no se puede sacar otra cosa sino un burrito", aunque también conozco otra que afirma que "la dulce rosa nace de una planta cargada de espinas".

—Si tuvieses que escoger, ¿con cuál de ellas te quedarías?

— ¡Con la segunda, por supuesto! Pero eso lo he aprendido ahora, después de madurar con los golpes y los porrazos que nos da la vida. Ojalá hubiese podido llevar mi vida de otra manera. Me hubiese gustado que mis hijos se sintieran más unidos a su padre. Si hubiese conocido de la vida, lo que ahora conozco, los hubiera formado de otra manera. Si ahora mismo tuviese un hijo, lo más probable es que mi accionar como padre fuera mejor y más acertado en comparación a la que logré ejecutar con mis muchachos. Pero… ¡Nadie nace aprendido!

Parte 4

Volviendo a la orilla

En la parte precedente, hemos tratado un tema muy interesante: el referente a los posibles traumas o recuerdos que probablemente guardamos en nuestra psique, o en algún sitio y que tal vez puedan afectar el rumbo de nuestra vida como personas adultas. El punto a que nos referimos es el que trata de los eventuales recuerdos que según Klein, supuestamente almacenamos durante los primeros días de nuestra vida como seres humanos.

Con el permiso de nuestro amable lector, aquí reproduciremos un párrafo que aparece insertado en la página 29: "En aquellos tiempos, del mismo modo que ocurría con Freud, la ciencia oficial tampoco reconocía el influjo traumático del parto por la sencilla razón de que supuestamente no existe memoria (cognitiva) de estos acontecimientos debido a la inmadurez del sistema nervioso del neonato. Si no hay recuerdos no puede haber traumas – concluían los expertos de aquella época–, en la evidencia de que los primeros recuerdos de nuestra infancia suelen estar fechados entre los 3 o 4 años. Aquellos alegaban que antes de eso no puede existir memoria traumática puesto que no hay memoria (cognitiva) para establecer etiquetas sobre los acontecimientos."

Analizando el párrafo precedente, necesariamente debemos concluir que, de ser cierto que nuestros recuerdos infantiles comienzan a almacenarse y registrarse a partir de los 3 o 4 años de edad, entonces, las ideas que postulan Melanie Klein, Otto Rank y otros reconocidos especialistas, simplemente son una chapuza con algunos vestigios de supuesto academicismo. Pero...

La noción del inconsciente colectivo es una de las aportaciones más famosas de Carl Jung, y una de las razones de su ruptura con la teoría psicoanalítica de Freud. Mientras que para Freud, el inconsciente sólo es esa parte de la mente que almacena material que una vez fue consciente –luego olvidado o reprimido–, para Jung, el inconsciente tiene un aspecto personal (como el que postulaba Freud), pero también un aspecto impersonal y colectivo. Este inconsciente se refiere a esa vertiente de la mente humana que se mantiene lejos de los focos de luz de la consciencia y que, por consiguiente, nos cuesta tener en cuenta o incluso trata de modificar o de anticipar.

Sin embargo, esa mente inconsciente a la que se referían los discípulos de Freud, no es cualquier tipo de inconsciente, sino una que tiene su origen en una muy especial forma de entender la psique, basada profundamente en la metafísica y en el análisis de los símbolos en busca de un significado oculto.

Para Jung, la psique es la realidad primordial del universo. Y como comúnmente sólo conocemos la punta del iceberg de la psique, el inconsciente colectivo es algo así como la noche cósmica o el caos primordial del cual emerge toda nuestra existencia consciente, la cual es definida por la diferenciación del ego. Jung interpreta algunos mitos, como la Creación Védica o el Génesis Bíblico –específicamente, el acto de probar el fruto del Árbol del Bien y el Mal–, como el paso del inconsciente a la conciencia individual. Esta sería la caída o el "pecado original" bíblico, el cual, aunque coloca al hombre en un estado de alienación y extravío, es también la posibilidad sine qua non de la autorrealización. Es ciertamente aquello que le da sentido a la vida humana y hace interesante este tema tan complejo y tan complicado por sus variadas implicaciones.

La Soledad: ¿Una prisión sin barrotes?

Para Jung, el inconsciente personal consiste de: a.- Todos aquellos contenidos que se volvieron inconscientes debido a que perdieron intensidad y fueron olvidados, o porque la conciencia se retrajo de ellos (represión) y, b.- de todos aquellos contenidos, como ciertas impresiones sensoriales, que nunca alcanzaron suficiente intensidad para llegar a la conciencia, pero que lograron entrar a la psique.

Por otro lado, Jung define el Inconsciente Colectivo como la herencia ancestral de posibilidades de representación, no individual sino común a todos los hombres, tal vez incluso a los animales, y que es la verdadera base de la psique individual.

La teoría de Jung sugiere que somos portadores de un substrato psíquico ancestral, algo así como una memoria de todos los eventos psíquicos que se han impreso en el alma humana y que por su intensidad, o por una especie de energía teleológica se han asegurado un lugar predominante. En su ensayo, La Estructura y la Dinámica de la Psique, Jung añade: "Teóricamente, debería ser posible "pelar" las cáscaras del inconsciente colectivo, una por una, hasta llegar a la psicología del gusano e incluso a la de la amiba". Vemos entonces que para Jung hay una memoria psicológica inconsciente similar a la memoria genética que se observa fisiológicamente, por ejemplo con el llamado cerebro reptiliano, la glándula pineal y otras.

Nota: El Argumento Teleológico se reduce al diseño inteligente. La impresión de que el universo fue diseñado para mantener la vida en la tierra es abrumadora.

La idea más característica de la obra de Carl Jung en comparación a otros referentes de la corriente de la psicodinámica, es que para él, la psique de una persona no es solo un producto de sus experiencias personales individuales sumadas a sus propensiones biológicas e individuales, sino que fundamentalmente funciona a partir de elementos que van más allá del individuo. Este énfasis en lo colectivo no se refiere al modo en el que los demás factores influyen en la conducta de la persona al interactuar con ella. Su idea va mucho más allá. De hecho, este factor psicológico transpersonal tiene que ver más bien con la historia de la humanidad, es decir, lo que ha ocurrido antes de que ese individuo en concreto naciera. Es una parte de la psique que existía antes de que la psique individual haya tenido la oportunidad de empezar a existir: de allí que para Jung, los símbolos, los mitos y la religión tuviesen tanta importancia a la hora de entender la mente de las personas: son productos de la evolución de la humanidad en su conjunto.

El inconsciente colectivo, nos dice Jung, está conformado de dos elementos fundamentales, los cuales están estrechamente entrelazados: los instintos y los arquetipos.

El inconsciente colectivo consiste en la suma de los instintos y sus correlatos, los arquetipos. De la misma manera que todos posemos instintos, todos también poseemos una reserva de imágenes arquetípicas. Jung llegó a esta conclusión analizando los sueños de sus pacientes y particularmente las irrupciones del inconsciente colectivo que se presentan en pacientes con esquizofrenia.

En sueños, fantasías y otros estados excepcionales de la mente, los más remotos símbolos y motivos mitológicos, con frecuencia, pueden aparecer espontáneamente en cualquier momento debido al resultado de influencias particulares, tradiciones y excitaciones que operan en el individuo, pero generalmente sin señal de las anteriores. Éstas "imágenes primordiales" o "arquetipos", pertenecen a la reserva básica de la psique inconsciente y no pueden explicarse como adquisiciones recientes. En conjunto constituyen el estrato psíquico que se ha llamado el inconsciente colectivo. Estos arquetipos pueden explicar cosas como la psique de una nación o de una civilización. Incluso, la influencia o atracción que ejercen los astros en la psique humana:

La Soledad: ¿Una prisión sin barrotes?

El inconsciente colectivo parece consistir de motivos mitológicos e imágenes primordiales, por lo que los mitos de todas las naciones son sus verdaderos exponentes. En realidad, la totalidad de la mitología puede considerarse como una especie de proyección del inconsciente colectivo. Podemos ver esto claramente considerando las constelaciones del cielo, cuyas formas caóticas antiguas fueron organizadas a través de proyecciones de imágenes. Esto explica la influencia de las estrellas que afirman los astrólogos. Estas influencias no son más que percepciones introspectivas inconscientes de la actividad del inconsciente colectivo. De la misma manera que las constelaciones fueron proyectadas a los cielos, figuras similares fueron proyectadas a las leyendas, a los cuentos de hadas o a personajes históricos.

Jung postula que ésta influencia es resultado de la proyección de la historia de la psique humana. La influencia de las estrellas viene de nuestro interior, no del cielo — aunque se podría decir que el cielo está dentro de nosotros, como creía Paracelso—. Esto es posible ya que la capacidad de proyección de la psique es tal, que es capaz de manifestar y autorregular la realidad desde su inconsciencia.

Los arquetipos son por definición, factores y motivos que ordenan los elementos psíquicos en ciertas imágenes, caracterizadas como arquetípicas, pero de tal forma que sólo se pueden reconocer por los efectos que producen. Los arquetipos son sistemas de aptitud para la acción y, al mismo tiempo, imágenes y emociones. Se heredan con la estructura cerebral, de la que son su aspecto psíquico. Por un lado, representan un conservatismo instintivo muy fuerte, y por otro, constituyen el medio más eficaz concebible para la adaptación instintiva. Así que son, esencialmente, la parte infernal de la psique, aquella parte a través de la cual la psique se une a la naturaleza. No se trata de ideas heredadas, sino de posibilidades de ideas heredadas. Tampoco son adquisiciones individuales sino, principalmente, comunes a todos, como puede deducirse de su presencia universal.

Los arquetipos se presentan como ideas e imágenes, al igual que todo lo que se convierte en contenido consciente. No podemos liberarnos legítimamente de nuestras bases arquetípicas a menos que estemos dispuestos a pagar el precio de una neurosis, tal como no podemos deshacernos de nuestro cuerpo y sus órganos sin cometer suicidio. Si podemos negar los arquetipos o neutralizarlos de cualquier modo, nos veremos enfrentados, en cada nueva etapa de diferenciación de la conciencia, a la tarea de encontrar una nueva interpretación apropiada para esa etapa, a fin de conectar la vida del pasado que aún existe en nosotros con la vida del presente que amenaza con escaparse.

Jung encuentra esta misma fascinante noción de los arquetipos en Platón, San Agustín y Pseudo Dionisio, pero la modifica según sus observaciones analíticas, ya que Jung lo que hace es una notable síntesis entre ciencia y religión. También explica que los contenidos del inconsciente colectivo suelen irrumpir de manera personalizada, como "figuras arquetípicas".

La idea jungiana de los arquetipos, por otro lado, encontrará nuevas manifestaciones en ideas como la Teoría de los Memes de Richard Dawkins (quien inconscientemente ideó algo muy similar desde la biología) y la Teoría de los Campos Morfogenéticos de Rupert Sheldrake.

Estos arquetipos son formas psíquicas, como los instintos, que son comunes a toda la humanidad, y su presencia puede probarse dondequiera que se preserven registros literarios. Los arquetipos, como factores que influyen en la conducta humana, tienen un papel fundamental en la vida humana. La personalidad puede ser afectada completamente por ellos a través de la identificación. Este efecto es mejor explicado por el hecho de que los arquetipos probablemente representen las situaciones típicas de la vida".

Visto el planteamiento de Jung, podemos imaginar que si existe un inconsciente colectivo cuyo componente fundacional es ancestral, entonces también es necesario un "factor ordenador", no visible, pero si sospechado e intuido por sus efectos psicológicamente: los arquetipos. En este punto encontramos un aspecto íntimamente relacionado con la Física Cuántica: Carl Jung, en su libro "Arquetipos e Inconsciente Colectivo", llega a la conclusión que los fenómenos físicos –sobre todo los del orden de la física sub-atómica- también responden a un principio ordenador que psicológicamente son los arquetipos, que no serían otra cosa sino "fuerzas y mosaicos dinámicos de energía dentro del inconsciente colectivo que se nos revelan simbólicamente a través de los sueños, fantasías, arte y mitos

Reconocemos que este tema es un tanto delicado, pues toca muchas fibras sensibles. Una de las ideas que se desprenden del trabajo de Jung es que los seres humanos no tienen ciertas ideas, sino que las ideas tienen a los seres humanos. Esto es lo que luego ha sido llamado "posesión arquetipal" y sirve para explicar fenómenos tan radicalmente opuestos como Jesús o Hitler. Aunque generalmente ser poseído por los arquetipos –estos instintos e imágenes suprapersonales-- suele hacer simplemente que nos disolvamos en una conciencia de masa, con dictámenes remotos y enajenantes: ser consumidores, miembros difusos del rebaño, más que individuos críticos, etc. Pero, por otro lado, una existencia significativa necesariamente debe nutrirse de una base que trasciende a su propio ego, es decir, debe tomar del inconsciente colectivo para enriquecer su propia existencia e individualizarse. Según Jung, debajo de las capas personales egoístas de toda persona, existe una necesidad de sentido y de plenitud: el ser humano tiene sed de totalidad.

Esto puede ser peligroso, pero por otra parte es lo único que realmente importa: debemos ser lo que uno es. Y eso que uno es, está compuesto en gran medida por el inconsciente colectivo, por factores impersonales o suprapersonales. Es, entonces, necesario guiar a la conciencia, "iluminar" aspectos de este inconsciente colectivo, pero para hacer esto con éxito, se debe tener un "entendimiento crítico", una gran capacidad de discernimiento e intuición.

4.1.- A veces, la Soledad no es lo que parece

Afirman que la vida es una aventura, tanto interior como exteriormente. Para vivir tal aventura deberíamos hacer un acto de fe y dejar atrás los roles y estructuras con los que nos sentíamos seguros –o tal vez amarrados–, para buscar nuestra propia identidad, saber quiénes somos y qué queremos. Esta aventura vital puede externalizarse y traducirse en un viaje en solitario. Es decir, deberíamos internalizar en nosotros el arquetipo del Buscador o del Vagabundo, para vivir en verdadera libertad, vivir sin ataduras, para poder dedicarnos a buscar, y encontrar nuestra verdadera esencia. Y entonces, cuando nos llegue de hora de partir, poder decir: hemos vivido.

El arquetipo del Vagabundo, es una experiencia vital y necesaria para saber quiénes somos y qué hacemos aquí.

El Buscador y/o El Vagabundo, son dos formas de un mismo arquetipo que debemos transformar para acceder a nuestra verdadera vida. Hablamos de aquel individuo que se busca a sí mismo para encontrarse, para reconocerse y para ejercer el Sí Mismo. Sin la vivencia vital de este arquetipo, no podremos saber bien quiénes somos y qué hacemos aquí, y viviremos vidas marcadas por los deseos y por las programaciones de papá y mamá, o peor aún, de otros individuos.

Una transformación del mundo requiere que sus individuos asuman la responsabilidad de experimentar sus propias travesías a través de la soledad, el aislamiento, el miedo y el dolor, para poder conectar con partes de sí mismos mucho más profundas, vitales y esenciales. Es desde esta esencia que seremos capaces de vivir vidas más auténticas, más en consonancia con quiénes somos y por tanto también, más ricas y útiles para el mundo. Querer cambiar el mundo sin haber transitado el Vagabundo que hay en nosotros, es una bella idea con la que podemos fantasear, pero, al no tener bases en la realidad interior, sin efectos reales en el mundo exterior serán nulos.

4.2.- El arquetipo de la Soledad:

Un elemento del arquetipo del Vagabundo es la soledad. No hay modo de eludir la soledad en el viaje. Es necesario pasar por esta experiencia consciente para poder encontrar la independencia y la intimidad. En ocasiones, por miedo a enfrentarnos a la soledad, muchos de nosotros utilizamos todo tipo de estrategias para ocultar nuestro caminar solos por la senda de la vida. En otras palabras, tratamos de postergar el necesario viaje hacia la libertad, hacia el reencuentro con nosotros mismos. Pudiera suceder que a través de estas estrategias algunos nos estemos preparando para el viaje: como ocurre cuando estamos en un matrimonio durante muchos años, aún sintiéndonos solos, pero gestando lo que nos permitirá dejar al compañero (o a la compañera) y emprender nuestra travesía. Todos nuestros intentos que buscan evitar el vivir la experiencia de soledad, nos impiden el tomar conciencia de quiénes somos, ralentizan la lección de aprender quiénes somos, y por tanto, postergamos el sentimiento de soledad durante más tiempo.

Carlos G. Hernández R.

Todos necesitamos un período de soledad para descubrir quiénes somos. La mayoría de nosotros necesitamos un poco de soledad cada día para tener claridad.

Llega el día en que la soledad y esa sensación de vacío existencial son aceptadas como parte del estado natural de las cosas. Cuando esto ocurre, debemos ser conscientes de que lo único que nos mantiene encerrados, es la resistencia al crecimiento. Cuanto más auténticos somos, menos solitarios nos sentimos ya que nunca estamos verdaderamente solos cuando contamos con nosotros mismos.

En la travesía de encontrar nuestra identidad, llegaremos a amarnos a nosotros mismos. Sin un verdadero sentido del YO, no es posible realmente dar o recibir mucho amor. Si no tenemos libertad, no podernos enseñar la libertad. Por lo tanto, el amor que tratamos de proyectar hacia las personas que nos rodean puede, en definitiva, llegar a ser dañino para los demás, porque probablemente se manifieste como compulsivo, posesivo, controlador y creador de dependencia. Los que ejercen roles, a veces necesitan que otros actúen de un cierto modo para lucir bien y quedar bien parados ante sí mismos. Cuando las personas ejercen un rol para obtener amor o respeto, nunca llegan a sentirse amadas por sí mismas. Es el rol ejercido el que recibe el amor, no ellas.

El inconsciente colectivo contiene toda la herencia espiritual de la evolución de la humanidad, nacida de nuevo en la estructura cerebral de cada persona. Nuestra mente consciente es un fenómeno efímero que realiza todas las adaptaciones y orientaciones, por lo que bien se puede comparar su función con la de orientarnos en el espacio. Por otro lado, el Inconsciente Colectivo es la fuente de las fuerzas instintivas de la psique y de las formas o categorías que la regulan, es decir, los arquetipos. Todas las ideas más poderosas de la humanidad se remontan a los arquetipos. Esto es cierto particularmente con las ideas religiosas, pero los conceptos centrales de la ciencia, la filosofía y la ética no son excepciones a esta regla. En su forma presente, son variantes de ideas arquetípicas, creadas conscientemente, aplicando y adaptando estas ideas a la realidad. Pues la función de la conciencia no sólo es reconocer y asimilar el mundo externo a través del umbral de los sentidos, sino trasladar a la realidad visible, el mundo que yace en nuestro interior.

Aquí, la mente consciente –el ego– sólo sería como una especie de sistema de navegación, mientras que el Inconsciente es aquello que se manifiesta como el espacio en el que tenemos la experiencia y el significado mismo que se representa como esa experiencia. Las imágenes o arquetipos son realmente las fuerzas que esculpen la realidad que habitamos. Entonces un verdadero proceso de conciencia o iluminación, sería hacer visible, tangible e inteligible, el fondo último y prístino de la existencia. Jung se refiere a esto como el matrimonio alquímico de los opuestos, la constelación de la divinidad en el alma. (12)

Relacionado con el punto que estamos tratando, encontramos el trabajo de Rupert Sheldrake, un bioquímico británico que postuló la hipótesis más revolucionaria de la biología contemporánea: la Teoría de la Resonancia Mórfica.

Sheldrake sostiene que las mentes de todos los individuos de una misma especie –incluido el hombre– se encuentran unidas entre sí y formando parte de un mismo campo mental planetario. Ese campo mental –al que denominó morfogenético– influye sobre las mentes de los individuos, y viceversa, las mentes de éstos también afectarían al campo. Afirma Sheldrake: "Cada especie animal, vegetal o mineral posee una memoria colectiva a la que contribuyen todos los miembros de la especie y a la cual conforman". De este modo, si un individuo de una especie animal aprende una nueva habilidad, les será más fácil aprenderla a todos los individuos de dicha especie, porque la habilidad "resuena" en cada uno, sin importar la distancia a la que se encuentre. Y cuantos más individuos la aprendan, tanto más fácil y rápido les resultará aprenderla al resto de la especie.

Rupert Sheldrake describe el campo donde está conectada la información genealógica desde un punto de vista cuántico: "Existen en la naturaleza unos campos llamados Morfogenéticos, los cuales son como estructuras organizativas invisibles que moldean o dan forma, a tales cosas como plantas o animales, y también tienen un efecto organizador en la conducta".

Estos Campos Morfogenéticos contienen información recopilada de toda la historia y la evolución pasada, algo a la manera de la "memoria racial" de Freud o el "inconsciente colectivo" de Jung o el "Circuito Neurogenético" de Timothy Leary. La resonancia mórfica, el principio de memoria colectiva, se puede aplicar al estudio del árbol genealógico. Cada familia tiene su propia memoria colectiva a la que todos sus miembros están conectados y tienen acceso. La transmisión intergeneracional ocurriría en este campo mórfico, pues hay una memoria común compartida por todos los miembros del clan, hayan o no convivido en las mismas coordenadas espacio-temporales. ¿Esto podría ser otra forma de entender el inconsciente colectivo y el inconsciente familiar?

Finalmente, debemos decir que la obra de Carl Jung, al igual que la de Klein, Rank y otros especialistas de la misma tendencia, ha sido muy criticada, tanto por los integrantes de la corriente psicodinámica, como por psicólogos y filósofos de la ciencia que no se consideran herederos de Freud. Estos últimos, en concreto, señalan lo poco fiable que es fiarse de la "propia interpretación" para analizar el comportamiento de las personas; a fin de cuentas, no existe un modo objetivamente válido de interpretar símbolos.

No obstante, los tipos de inconsciente propuestos por Carl Jung y los otros, han tenido una gran influencia en las humanidades y han quedado plasmadas en numerosas formas de arte, por lo cual es interesante conocerlas. (13) (14).

Parte 5
Conclusiones

La forma en que se desarrolla la vida de un individuo, especialmente en su fase infantil, tiene una enorme importancia en la configuración del inconsciente de la persona humana. La metodología de la terapia freudiana está encaminada al esclarecimiento de aquellas experiencias pasadas y privadas que, por problemáticas y traumáticas, no queremos reconocer y por ende, reprimimos. Al mismo tiempo, la terapia jungiana no sólo busca eventuales amenazas ocurridas en el pasado, sino también oportunidades y líneas de desarrollo que, latentes, quedaron almacenadas en el inconsciente. Jung sostiene que los contenidos inconscientes no deben ser destruidos: debe encararse su incontestable realidad. Debe aprovecharse su enorme potencial energético para coordinarlos con la conciencia y hacerlos operativos en la vida cotidiana.

El pensamiento de Jung, como la filosofía socrática, incita a conocerse a sí mismo. Sin embargo esta propuesta no puede llevarse sólo a través de las palabras, de la razón consciente, pues no sólo somos logos, sino también ausencia del logos. La mayéutica socrática se fundamenta en que la verdad se encuentra en nuestro interior: hasta aquí Jung estaría de acuerdo. Sin embargo, la senda de penetración en ese receptáculo no es la del razonamiento, sino la del símbolo. ¿Por qué? No sólo porque no somos sólo logos (como decía Freud), ni sólo porque hayamos de buscar la verdad que se encuentra en el interior (como decía Sócrates), sino ante todo porque, incluso en la intimidad de nuestra mente, en la aparente soledad —especialmente en ésta—, no estamos solos

Y es que, antes que nada, resulta que el individuo no es tan solo un individuo. La misma mente del recién nacido es una estructura terminada e íntimamente relacionada con algo que es anterior a sí mismo. La mente de un recién nacido es resultado de múltiples vidas anteriores. El hombre, ese ser que ya tiene miles de años, ha de darse cuenta de que no es sólo una biografía que comenzó el día en que vino al mundo. Persuadirse de ello le hará sentir un hambre y una sed legítimas: las de una relación segura con las fuerzas que hay en su interior. Quien lo logre habrá conseguido acceder a lo que Jung llamaba la función trascendente y habrá logrado poner en jaque a la neurosis, cuya fortaleza es el desconocimiento y el temor a nuestro Sí Mismo. Jung decía: "Tenga miedo del mundo [...] pues es grande y fuerte; y tenga miedo de los demonios internos, pues son muchos y son brutales; pero no se tenga miedo, pues es su propio Sí Mismo".

Y si preguntáramos: ¿Qué tiene el hombre dentro de sí mismo?, o tal vez mejor, ¿Qué hay dentro del Sí Mismo? la respuesta sería muy clara y precisa: Vidas anteriores que han quedado solidificadas en lo inconsciente colectivo y sus arquetipos. Jung afirmaba: No tenemos a los arquetipos ellos nos tienen a nosotros. No tenemos a las ideas, ellas nos tienen a nosotros. Los arquetipos son formales, abstractos, filogenéticos. Todo ser humano, por su misma naturaleza, está sometido a los arquetipos. Éstos son disposiciones psíquicas que organizan imágenes primordiales, las cuales simbolizan contenidos fundamentales específicos. Sin embargo, su manifestación es múltiple. La forma en que éstos se manifiestan es la de los símbolos. Los símbolos encuentran su concreción en la cultura social, en el arte, en las religiones, en los sueños, en las alucinaciones, en los pensamientos, etc.

No obstante, aun en sus manifestaciones más íntimas, nuestro trato con el símbolo, es de índole individual. Por eso no podemos hablar de ellos como de arquetipos, sino de imágenes de los arquetipos. Los arquetipos, de forma similar a los ejes de cristalización, que hacen que cada formación cristalina, adopte la geometría que le corresponde a su especie —si bien tamaño, color y variedades accidentales son de tipo individual—, realizan la misma función en el caso de los seres humanos: pasan a ser patrones emocionales y de conducta que tallan nuestra manera de procesar sensaciones, imágenes y percepciones como un todo, y con pleno sentido. (15)

Contenido

Referencias

1.- La Soledad, la plaga del siglo XXI

https://elpais.com/diario/2007/12/16/eps/11977900 14_850215.html

2.- La Soledad, la plaga del siglo XXI

https://elpais.com/diario/2007/12/16/eps/11977900 14_850215.html

3.- El sentimiento de Soledad

http://www.elpradopsicologos.es/blog/el-sentimiento-de-soledad/

4.- https://familias.com/360/combatiendo-la-soledad-emocional

5.- https://www.psicologoencasa.es/la-soledad/

6.- Las tres dimensiones de la personalidad.

http://ello.es/ello-yo-y-superyo/

7.- Sobre el sentimiento de soledad (l963): Melanie Klein

http://psicopsi.com/SOBRE_EL_SENTIMIENTO_DE_SOLEDAD.asp

8.- Posición esquizoparanoide

http://www.melanie-klein-trust.org.uk/es-paranoid-schizoid-position

9.- Posición esquizoparanoide

http://www.melanie-klein-trust.org.uk/es-paranoid-schizoid-position

10.- El trauma del nacimiento.-

https://pacotraver.wordpress.com/2009/09/03/el-trauma-del-nacimiento/

11.- Otto Rank y la controversia sobre el trauma del nacimiento

http://pepsic.bvsalud.org/scielo.php?script=sci_arttext&pid=S0101-48382012000200011

12.- Sobre el inconsciente colectivo, la gran idea de Carl Jung que merece contemplarse profundamente.

https://pijamasurf.com/2018/03/que_es_el_inconsciente_colectivo_la_herencia_espiritual_de_la_humanidad/

13.- La Teoría de los Campos Mórficos y el Árbol Genealógico familiar

http://planosinfin.com/la-teoria-de-los-campos-morficos-de-rupert-sheldrake-y-el-arbol-genealogico/

14.- Los tipos de inconscientes según Carl Jung

https://psicologiaymente.net/psicologia/tipos-de-inconsciente-carl-jung

15.- Jung o la soledad imposible

https://www.revistadelibros.com/articulos/carl-gustav-jung-obra-completa

La Soledad: ¿Una prisión sin barrotes?

www.ingramcontent.com/pod-product-compliance
Lightning Source LLC
Chambersburg PA
CBHW051913250726
48659CB00002B/630